DAS MAṢḤAFA MILĀD (LIBER NATIVITATIS)

UND

MAṢḤAFA SELLĀSĒ (LIBER TRINITATIS)

DES KAISERS ZAR'A YĀ'QOB

CORPUS
SCRIPTORUM CHRISTIANORUM ORIENTALIUM
EDITUM CONSILIO
UNIVERSITATIS CATHOLICAE AMERICAE
ET UNIVERSITATIS CATHOLICAE LOVANIENSIS

Vol. 222

SCRIPTORES AETHIOPICI
TOMUS 42

DAS MAṢḤAFA MILĀD
(Liber Nativitatis)
UND
MAṢḤAFA SELLĀSĒ
(Liber Trinitatis)
DES KAISERS ZARʿA YĀʿQOB

ÜBERSETZT
VON
KURT WENDT

LOUVAIN
SECRÉTARIAT DU CORPUSSCO
WAVERSEBAAN, 49
1962

EINLEITUNG

Das Buch der Weihnacht (Maṣḥafa Milād) [1] und das Buch der Dreieinigkeit (Maṣḥafa Sellāsē), genannt Pforte der Sonne (Ḫoḫta Ṣaḥāy), bilden zusammen ein Homiliar, das seine Entstehung dem äthiopischen König Zara Jakob Konstantin (1434-1468) [2] und seinem Hofklerus verdankt. Offenbar liegen ihm Konzilsbeschlüsse und Synodalprotokolle, königliche Erlasse und allerlei Stücke katechetischer und homiletischer Art zugrunde, die von klerikalen Redaktoren auf kontroverstheologische und homiletische Verwendung hin kompiliert worden sind [3]. Es gliedert sich daher in 14 Homilien auf die Gedächtnistage der Geburt Jesu Christi am Ende eines jeden Monats. Fast an jede Lesung schliesst sich eine der beiden Versionen des Trinitätstraktats an [4].

Die vorliegende Übersetzung gründet sich auf die einzige bisher wieder aufgefundene Handschrift Ms. d'Abbadie Nr. 62 der Nationalbibliothek zu Paris. Sie stellt wohl eine Kopie aus dem 16. Jahrhundert dar und ist im 17. Jahrhundert dem Kloster auf der Insel Dagā im Ṭānā-See, der letzten Ruhestätte des Königs, zum Geschenk gemacht worden [5].

Dem Kirchenäthiopisch entsprechend, das der Text der Vorlage

[1] Liber Nativitatis, das Buch des Geburtstages unseres Herrn Jesu Christi, das Buch der Weihnacht.

[2] Zar'a Yā'qob Quasṭanṭinos; siehe die diesbezüglichen Literaturangaben bei C. Conti Rossini, *Il libro di re Zar'a Yā'qob sulla Custodia del Mistero*, in *Rassegna di Studi Etiopici*, vol. III, Rom 1943, pg. 148-166, Anmkg. 1.

[3] E. Cerulli, *Storia della letteratura etiopica*, Mailand, 1961, pg. 133-141; K. Wendt, *Die theologischen Auseinandersetzungen in der äthiopischen Kirche zur Zeit der Reformen des 15. Jahrhunderts*, in den *Atti del Convegno Internazionale di Studi Etiopici* der *Accademia Nazionale dei Lincei*, Rom 1960, pg. 137-146.

[4] Siehe Einleitung zum Text, pg. IV-V.

[5] A. D'Abbadie, *Catalogue raisonné de manuscrits éthiopiens*, Paris, 1859; M. Chaîne, *Catalogue des manuscrits éthiopiens de la collection Antoine D'Abbadie*, Paris, 1913; C. Conti Rossini, *Notice sur les manuscrits éthiopiens de la collection D'Abbadie*, im *Journal Asiatique*, 1914, pg. 20-21; K. Wendt, *Das Maṣḥafa Berhān und Maṣḥafa Milād*, in den *Orientalia*, vol. III, n.s., Rom 1934, pg. 3-4; E. Cerulli datiert die Handschrift nach einer privaten Mitteilung mit C. Conti Rossini noch ins XV. Jahrhundert.

spricht, habe ich mich bemüht, besonders bei den vielen Schriftzitaten, in der Übersetzung der sakralen Sprache der deutschen Bibel zu folgen, beim Alten Testament allerdings immer den Hintergrund der Septuaginta[6] und beim Neuen Testament den griechischen Urtext und die syrische Version beachtend. Die apokryphischen und pseudepigraphischen Zitate folgen den Kautzsch'schen Übersetzungen, die Esra-Apokalypse (IV. Esra) der von H. Gunkel, das Henochbuch der von G. Beer und das Jubiläenbuch, das Maṣḥafa Kufālē, der von E. Littmann[7]. Bei den Belegstellen aus dem « Markt » (Kanon), den drei apostolischen Sendschreiben, habe ich mich beim « Testament » an J. E. Rahmani[8] (I Test) und an L. Guerrier[9] (II Test), bei der Didaskalie an J. M. Harden[10] und beim Synodus an G. Horner[11] angeschlossen. Zur äthiopischen Version des Hohenliedes sei auf die Untersuchung von S. Euringer[12] und zum äthiopischen Makkabäerbuch auf das Exzerpt von J. Horovitz[13] verwiesen. Die Übersetzung des Maṣḥafa Sellāsē habe ich den Varianten entsprechend redigiert. Die Schriftstellen sind in einem ausführlichen Verzeichnis, die Eigennamen ausserhalb der Schrift und besondere Materien, soweit sie mit ihr nur in mittelbarem Zusammenhang stehen, in einem Namen- und Sachregister zusammengefasst.

[6] *Septuaginta*, ed. A. RAHLFS, Stuttgart, 1952; alle A.T.-Zitate sind nach LXX bezeichnet.

[7] *Die Apokryphen und Pseudepigraphen des Alten Testaments*, ed. E. KAUTZSCH, Tübingen, 1900.

[8] *Testamentum Domini Nostri Jesu Christi*, ed. J. E. RAHMANI, Moguntiae, 1899, zitiert nach den Büchern und Kapiteln.

[9] *Le Testament en Galilée de Notre Seigneur Jesus-Christ*, ed. L. GUERRIER, in der Patrologia Orientalis IX, 3, Paris, 1913; daneben auch J. WAJNBERG, *Gespräche Jesu mit seinen Jüngern nach der Auferstehung* in C. Schmidt's Texten und Untersuchungen zur Geschichte der altchristlichen Literatur, 43, Leipzig, 1919.

[10] J. M. HARDEN, *The Ethiopic Didascalia*, Translations of Christian Literature, Series IV, Oriental Texts, London und New York, 1920, zitiert nach den Apostolischen Konstitutionen.

[11] *The Statutes of the Apostles or Canones Ecclesiastici*, ed. G. HORNER, London, 1904.

[12] S. EURINGER, *Die Auffassung des Hohenliedes bei den Abessiniern. Ein historisch-exegetischer Versuch*, Leipzig, 1900.

[13] J. HOROVITZ, *Das aethiopische Makkabäerbuch*, in der Zeitschrift für Assyriologie, Bd. 19, Leipzig, 1905/06.

I

DIE LESUNG AM 29. TĀHSĀS

* Im Namen des Vaters und des Sohnes und des heiligen Geistes, eines Gottes in heiliger Dreifaltigkeit, daran ich glaube und darin ich mich berge, dir aber, Satan, absage vor dieser meiner Mutter, der Kirche, da mein Bekenntnis Maria Zion ist, Amen. * p. 1

Dieses Lehrstück wird das *Buch der neuen Weihnacht* [1] genannt, das am 29. Tāhsās (6. I.) verlesen wird, dem Fest der Geburt unseres Herrn, Heilands und Erlösers Jesus Christus aus Maria, zweifältig Jungfrau, dem « Hause des Königs ». So heisst es nämlich von Salomo, dem Erbauer des Tempels : « Ein Haus baute sich der König Salomo vom Walde Libanon » [2]. Mit « Wald Libanon » sind Abraham, Isaak und Jakob gemeint, das ist die Tradition des Königtums, Priestertums und Prophetentums. Aus Maria, deren Tochter, geschah die Menschwerdung Christi, wie zwei Evangelisten im Buch der Geburt Jesu Christi berichten, — Matthäus [3] berichtet von der Menschwerdung Christi aus dem Hause Davids, und Lukas [4] bekundet die Herkunft Christi aus dem Hause Aarons [5]. Um des Gebetes der Propheten, seiner Zeugen, und der Fürbitte der Apostel, seiner Jünger, willen mögen sie [6] die Wand des Unglaubens aus unseren Herzen herausbrechen und die Erkenntnis seiner [7] Schriften in unserem Herzen eröffnen, von Ewigkeit zu Ewigkeit, Amen und Amen, so sei es!

Wir schreiben das Lehrstück von der Geburt unseres Herrn aus Maria, zweifältig Jungfrau, unserer Herrin, der die Christen bis in den Himmel erhöht und den Leugnern die Hörner zerbricht, von Ewigkeit zu Ewigkeit, Amen und Amen, so sei es, um des Fleisches und Blutes Christi willen, so sei es, so sei es!

1 Die Neuordnung des Weihnachstermins hat Zara Jakob von den nordäthiopischen Klöstern übernommen und an die Stelle der von seinen Vorgängern und dem Kloster St. Stephan von Ḥayq geübten und verteidigten Observanz gesetzt.
2 III *Reg.*, VII, 38. 3 *Matth.*, I. 4 *Luc.*, III. 5 Aaron als Nachkomme Levis und erster Hohepriester galt schon in der alten Kirche als Stammvater der von Lukas aufgestellten Ahnenreihe des Herrn, die in das Priestertum des Zacharias einmündet; daher hat man auch gerade dem Lukas das Kalb der Apokalypse (IV, 7) als kirchliches Symbol zugeteilt. 6 Die heiligen Drei, die Dreifaltigkeit. 7 Jesu Christi.

* p. 2 * Wir schreiben das Lehrstück von der Geburt unseres Heilands aus Maria, zweifältig Jungfrau, unserer Herrin, der den Gläubigen die Herzen reinigt, die Ungläubigen und Abtrünnigen aber vernichtet, von Ewigkeit zu Ewigkeit, Amen und Amen, so sei es, um des Fleisches und Blutes Christi willen, so sei es, so sei es!

Wir schreiben das Lehrstück von der Geburt unseres Gottes aus Maria, zweifältig Jungfrau, unserer Herrin, der die Gläubigen erfreut und ihnen zur Gnade und Güte gereicht, den Leugnern aber die Zähne einschlägt und ihnen Mund und Zunge zügelt, wie uns Henoch [1] lehrt, der im Sturmwind Entrückte, der den Ausgang der Sonne sowie den Aufgang des Mondes und der Sterne feststellte, der das Licht sah und der die Zeiten, Jahre, Monate, Tage, Stunden und Wochen anzeigt, Amen.

Wir schreiben das Lehrstück von der Geburt unseres Schöpfers und Erlösers aus Maria, zweifältig Jungfrau, unserer Herrin, der das evangelische Volk, die fröhlichen Kinder des Bräutigams [2], stärkt, die Leugner aber besiegt und zuschanden macht und ihre Herzen mit Weinen und Traurigkeit erfüllt. Der Herrgott mache jeden einzelnen von ihnen straucheln, dass er sie aus unserer Mitte räume und entferne, von Ewigkeit zu Ewigkeit, Amen und Amen, so sei es, um des Fleisches und Blutes Christi willen, so sei es, so sei es!

Wir schreiben das Lehrstück von der Geburt unseres Königs, unseres Hirten und Haltes, aus Maria, zweifältig Jungfrau, unserer Herrin, der uns an Leib und Seele heiligt, aus einem Meer von Labe mit Wein [3] tränkt und wie Blumen in den Garten seines Heiligtums pflanzt, der uns Glauben und Vertrauen lehrt und uns mit seinem Fleisch und Blut speist, von unserem Herrn ein Opfer, auf dass es uns ein Schwert des Sieges sei. Gott mähe mit einem solchen Schwert in unserer Hand die Schar der Juden, unserer Gegner und Widersacher, nieder, dazu alle, die fern von unserem Gott sind, Zauberinnen und Zauberer! Gott jäte sie bald aus unserer Gemeinde aus! Wir aber bergen uns im Opfer des Fleisches und Blutes Christi, von Ewigkeit zu Ewigkeit, Amen und Amen, so sei es, um des Fleisches und Blutes Christi willen, so sei es, so sei es!

* p. 3 * Höre, unseliger Jude, auf das Wort Gottes, des Herrn aller Welt, der du die erste Geburt Christi von Gott Vater und seine

1 *Hen.*, XLVI s. 2 Seiner Braut, der Kirche. 3 Labe, Milch ist das Wort Gottes, Wein das Blut Christi; beides ist hier gleichgesetzt (*Cant.*, V, 1 und *Is.*, LV, 1).

zweite Geburt aus Maria, zweifältig Jungfrau, in den letzten Tagen geleugnet hast! Deine Verwerfung steht nicht nur im Evangelium und bei den Aposteln, sondern schon im Gesetz und bei den Propheten. Zuerst verwarf dich Gott durch den Mund des Mose, der den Hohenpriester eingesetzt hat, da er mit Gott 40 Tage und 40 Nächte ununterbrochen redete, jenes Propheten Mose, der auch die Stiftshütte in der Wüste des Verderbens errichtet hat. Verworfen bist du durch den Mund des Mose, des Knechtes Gottes, der von Angesicht zu Angesicht mit ihm sprach, der das Meer vor dir geteilt und dich aus der Ziegelarbeit und bitteren Fron herausgeführt hat, die deine Augen sahen. Denn nachdem du seine Wunder gesehen hattest, da hast du, bevor ein Jahr um war und du deine Wegzehrung verbrauchtest und alles, was du an Gold, Silber und kostbaren Gewändern aus Ägyptenland mitbrachtest, dir einen anderen, fremden Gott erkoren und gebuhlt mit dem, der nicht Gott war. Da verführtest du den grossen Hohenpriester Aaron und gebärdetest dich wie der Satan, wie der Exodus sagt, den Mose, der Prophet und Priester, geschrieben hat. Nun aber höret das Gesetz, wie es von eurer Torheit spricht, ihr Juden allesamt! Ihr sprachet zu Aaron : « Auf und mache uns Götter, die vor uns hergehen! Denn wir wissen nicht, was mit diesem Mose geschehen ist, der uns aus Ägyptenland geführt hat » [1]. Da sprach Aaron zu euch : « Nehmt den Schmuck von den Ohren eurer Frauen und Mädchen! » [2] Und ihr brachtet ihn zu ihm. Er aber nahm all den Schmuck aus euren Händen entgegen, formte ihn zu einem Abbilde und machte daraus ein gegossenes Kalb [3]. Da riefet ihr : « Das sind deine Götter, Israel, die dich aus Ägyptenland geführt haben! » [4] Und du liessest ausrufen : « Morgen ist des Herrn Fest! » [5] Des anderen Morgens standest du früh auf, opfertest Brandopfer und brachtest Dankopfer dar. Danach assest, trankst und spieltest du vor deinem Gott Satanas. Als Mose, der Prophet und Knecht Gottes, * deine Torheit sah, * p. 4
ergrimmte er über die Leviten und befahl, dass ein jeglicher seinen Bruder und seinen Nächsten erwürge. Die Kinder Levi taten, wie ihnen der Prophet Mose befohlen hatte. « Da fielen aus dem Volk an jenem Tage 3000 Mann » [6] um deiner Torheit willen. Mose aber, der Prophet und Knecht Gottes, nahm jenes gegossene Kalb, das du gemacht hast, und verbrannte es mit Feuer, zerstörte, zermalmte

[1] *Ex.*, XXXII, 1. [2] *Ibid.*, 2. [3] *Ibid.*, 3. [4] *Ibid.*, 4. [5] *Ibid.*, 5.
[6] *Ibid.*, 28.

und zerstäubte es aufs Wasser und gab dir davon zu trinken [1]. Von jenem Tage an wurdest du ein Genosse des Satans, assest und trankst den Satan weiter und warst des Satans Kind. Ferner hat man dich « halsstarrig » [2] genannt. Du findest aber in alle Ewigkeit keine Freiheit ausser bei Christus! So haben denn auch die auserwählten und heiligen Israeliten im Geist der Freiheit Maria mit Christus von fernen Zeiten her gesehen. Sie richteten nämlich die Stiftshütte auf, ein Bild und Gleichnis ihrer Tochter Maria, der Mutter des Lichts. Du aber, der du Maria nicht im Geist der Freiheit gesehen hast, sollst in alle Ewigkeit dem Satan ein Knecht und bis ans Ende der Zeit dem Untergang, Verderben und Gericht anheimgegeben sein, wie Daniel, der von den Hebräern, über dich geweissagt hat [3]. Versiegt ist dir das Ölhorn Zions. Das Priesterkleid Aarons ist dir ausgezogen. Denn die Weissagung hat aufgehört, und aus eurer Gemeinde gehen keine Propheten mehr hervor. Und nachdem ihr Christus, das Opferlamm, gekreuzigt habt, da war bereits die Herrschaft vom Hause Davids und Salomos genommen und durch deine Torheit den Babyloniern, Griechen und Römern gegeben worden. Deine Lade, die Lade des Gesetzes und Bundes, wurde geraubt, deine Priester durch die Waffen Babylons getötet und dein Tempel, den das Prachtdach [4] krönte, zunichte gemacht. Dein Psalter verstummte, und der Lobgesang verging von deiner Zunge. Der Schein deines Lichts auf dem Leuchter erlosch, und deine Heiligtümer vom Allerheiligsten wurden entweiht. Deine Freien wurden zuschanden, deine Priester verbrannt und deine Leviten gefangen weggeführt. Deine Jungfrauen wurden erwürgt, deine Frauen vergewaltigt und deine Frommen verschleppt. Deine Kinder wurden geraubt, deine Jünglinge versklavt und deine
* p. 5 Helden geschwächt. Von jeglicher * Grösse wurde Zion ausgeschlossen, seine Herrlichkeit entschwand ihm, und es selbst geriet in die Hand deiner Feinde, der unbeschnittenen Assyrer. Dies alles geschah dir schon vor Christus, dem Könige der Christen. Was bist du und was hast du denn nun noch, da dich Gott unter die Völker verstreut hat? Löwen, Leoparden, Geier und Hyänen haben das Land deines Erbes untereinander verteilt, das sind die ungläubigen Könige, die dich unterwerfen und beherrschen. Und du bist nichts, nichts, rein gar nichts! Deine Lage hast du zu der eines Schmetterlings

[1] *Ex.*, XXXII, 20. [2] *Ex.*, XXXIII, 3. [3] *Dan.*, IX, 27. [4] Melathron, μέλαθρον (III *Reg.*, VII, 9.14).

gemacht, mit dem du auch nur verglichen werden kannst. Denn der Schmetterling hat vier Flügel, und wenn er seinen Unterschlupf verlässt, weiss er nicht, wohin er fliegen soll. Wenn er auffliegt, schnappen ihn die Vögel des Himmels weg, und wenn er herunterflattert, frisst ihn alles, was ihn findet. Dann kehrt er nimmer in seinen Unterschlupf zurück, und seine Spur findet man nicht mehr. So hören wir aus dem Buch des Gesetzes über den Schmetterling und sein Schicksal [1]. Genau so, ihr unseligen Juden allesamt, die ihr Gottes Sohn gekreuzigt habt, vertilgte und vernichtete euch der Feind, als ihr ins Land Babylon zogt, indem man euch in bitterer Fron zu Tode knechtete, euch zu Geschmeidemachern [2] machte und euch befahl, den Götzen und Dämonen zu opfern. Als ihr nach Griechenland kamt, verspottete man euch und machte euren Namen schlecht. Als ihr dann ins Römerreich zogt und das Mittelmeer [3] in gewaltigen Schiffen durchquertet, nahmt ihr dort keinerlei Stellung ein, sondern standet unter der Herrschaft der Römer und waret einzig und allein Untertanen. Und jetzt knechtet euch in eurem Lande und in eurer Heimat der unreine Mohammed, indem er über euch herrscht. Er machte euch zu seinen Schmuckmachern, und nun versklavt er euch durch seine Fürsten und Statthalter; diese aber sind Mohammedaner, Diener des Teufels. Als ihr endlich hierher ins Land Äthiopien kamt, das weite Land Jesu Christi, des Sohnes Davids, und das Land der heiligen, in Jungfräulichkeit an ihrem ganzen Fleische versiegelten Maria, da wurdet ihr um eures falschen Glaubens willen mit Spiess und Schwert ausgerottet. Wohin * wollt ihr denn nun noch gehen, ihr unseligen Juden allesamt, wo ihr doch kein Zuhause und keinen Grund und Boden mehr habt, Gott euch aber zu weitverbreiteten Nebelschwaden gemacht hat? So entfuhr euch doch einst das Wort aus eurem Munde : « Sein Blut komme über uns und über unsere Kinder! » [4] Das Blut Jesu Christi reisse euch aus unserer Gemeinschaft, von Ewigkeit zu Ewigkeit, Amen, so sei es, um des Fleisches und Blutes Christi willen, so sei es, so sei es! Eure Spur lasse uns Gott nie mehr sehen, von Ewigkeit zu Ewigkeit, Amen und Amen, so sei es, um des Fleisches und Blutes Christi willen,

* p. 6

1 Mac. aeth. (siehe Ms. d'Abbadie Nr. 55, fol. 10). 2 Das Goldschmiedehandwerk war ein typischer Judenberuf im Orient des Mittelalters und deshalb minderen Ranges. 3 Mare Illyricum, das Mittelländische Meer. 4 *Matth.*, XXVII, 25.

so sei es, so sei es! Die bittere Kunde von euch lasse uns unser Gott nie mehr hören, von Ewigkeit zu Ewigkeit, Amen und Amen, so sei es, um des Fleisches und Blutes Christi willen, so sei es, so sei es! Im Fleische und Blute Christi bergen wir uns, von Ewigkeit zu Ewigkeit, Amen und Amen, um des Fleisches und Blutes Christi willen, so sei es, so sei es!

Nun aber höret, ihr Juden allesamt, die ihr den Sohn des lebendigen Gottes gekreuzigt habt und den Sohn der Maria nach dem Fleisch! Wozu wollt ihr eigentlich das Christenvolk verführen? Um sie vom Licht zur Finsternis zu bringen, von der Frömmigkeit zur Sünde, vom Leben in die Höhle des Todes, vom Reichtum des Evangeliums zur Armut, von der Ehre zur Schande, vom Glück in bittere Not, von der Freiheit in die Knechtschaft? Zu wem wollt ihr sie denn bringen? Etwa zum Reiche Davids, des Königs von Israel, oder zum Königreich seines Sohnes Salomo, des Erbauers des Tempels? Das einige Königreich ist doch in zwei Teile zerfallen! Und zwar durch eure Torheit wurde euer Reich geteilt, als ihr dem Satan opfertet und dientet, den Herrn, euren Gott, aber verliesset und Salomo verführtet und zwangsweise soweit brachtet, bis auch er dem Satan opferte und räucherte. So habt ihr zuerst Aaron, den Priester, verleitet und genötigt, bis er das goldene Kalb bildete und gestaltete und ausrufen liess : « Morgen ist das Fest des Herrn! »[1], Brandopfer opferte und Dankopfer
* p. 7 * darbrachte, was er gewiss nicht freiwillig tat. Wie ihr Aaron verführtet, so habt ihr auch Salomo verleitet und gezwungen. Auch Manasse, den König Israels, habt ihr ebenso verführt und genötigt, bis er unrein opferte und dem Satan ein Götzenbild[2] setzte, bis ihn dann der Assyrerkönig gefangen wegführte; denn der Bund war gebrochen[3]. Erst als er in seinem Exil um Gnade flehte, durfte er wieder auf den Thron seiner Königsherrschaft zurückkehren um des Bundes der drei Erzväter willen, Abraham, Isaak und Jakob, das sind die Väter der Maria. Höre, o Jude, der du dich an den Götzen verunreinigt hast, die nach Hundeaas stinken! Die Propheten hat Gott nie verlassen. So auch Aaron, nachdem er solches getan, wurde er von Mose doch wieder als Hoherpriester eingesetzt, mit dem priesterlichen Schmuck angetan und mit dem Öl des Priestertums gesalbt. Auch dem Manasse, nachdem er so übel getan hatte, wurde

[1] *Ex.*, XXXII, 5. [2] ኤልሶ ፡ oder ኤልሳ ፡, ein Götzenbild. [3] IV *Reg.*, XXI, 1-18; II *Par.*, XXXIII, 1-13.

die Königsherrschaft wiedergegeben, und Gott stellte ihm sein Königreich von ehedem wieder her. Dir aber, o Jude, der du den Sohn Gottes so bitter gekreuzigt hast, liegt nun deine Torheit auf deinem Haupte : die Mehrzehl der Deinen liegt in der Wüste erschlagen hingestreckt. Ausserdem assest du während deiner Gefangenschaft das Fleisch deiner Söhne und Töchter. Du assest ferner deinen Mist und trankst das Blut deiner Kinder und deinen Harn [1]. Deine Harfen hingen an den Wasserflüssen Babylons, an ihren Weiden [2]. Deine Freude und Fröhlichkeit schwand, und deine Ehre wurde zuschanden. Du fielst in die Hand deiner Feinde, und dein Reich wurde gottlosen Königen gegeben. Deine Heiligkeit sank dahin, deine Bundeslade wurde geraubt und der Ornat deines Priestertums, deines Königtums und deiner Propheten als Beute dir ausgezogen. Man zwang deinen König in die Mühle zu mahlen, jenen König, den du irregeführt hattest [3], als Gott Jeremia, den Priester, zu ihm sandte und ihm sagen liess : « Unterwirf du dich dem Könige von Babylon, denn du hast bei meinem Namen geschworen! Wenn du dich aber weigerst, meine Stimme zu hören, wirst du der Waffengewalt übergeben. Man wird dich ergreifen, wenn du fliehst, und deine Kinder vor deinen eigenen Augen erwürgen. Nachdem man dir dann die Augen ausgestochen hat, wird man dich nach Babylon wegführen. » [4] Das aber, unseliger Jude, hast du nicht geglaubt, sondern * Jeremia, den Propheten, * p. 8
Lügen gestraft, er rede falsch. Da zahlte dir der Herr, dein Gott, ebenso wie den Götzen heim. O unseliger Jude, der du den Sohn Gottes gekreuzigt hast, du hast deinen König irregeführt, wie du einst Aaron verleitetest. So verführtest du auch Manasse, bis er sein Königtum einbüsste. Ausserdem höre, unseliger Jude, aus dem ungehorsamen Hause, den Salomo hast du ebenso in die Irre geführt. Aber Salomo, der König und Prophet, ist nicht zugrunde gegangen wie du; denn er verkündigte die Geburt des Sohnes des lebendigen Gottes, des Sohnes der Maria nach dem Fleisch. Und Salomo ging nicht verloren um Christi, seines Sohnes von Maria-Zion, willen, wie unser Herr selbst im Testament zu seinen Jüngern sprach : « Nun sehet doch, was für eine Macht er mir gnädig verliehen und gegeben hat, (dass ich tue), was ich will, was ich beschlossen und worauf ich Hoffnung erweckt habe! Deshalb bin ich auf Abraham,

1 IV *Reg.*, XVIII, 27; *Is.*, XXXVI, 12; *Ez.*, XVI, 36. 2 *Ps.* CXXXVI, 1-2.
3 *Jer.*, LII, 11. 4 *Jer.*, XLV, 14 s.

Isaak und Jakob, auf eure Väter, die Propheten, herabgestiegen und habe ihnen verheissen, dass sie von hienieden zur Ruhe im Himmel gelangen sollten, und ich habe ihnen die rechte Hand der Taufe, das Leben gegeben, Nachlass und Vergebung alles Bösen, wie euch, so auch von nun an denen, die an mich glauben werden. Da sprachen wir zu ihm : Was uns angeht, o Herr, so hast du uns in allem Freude bereitet und Ruhe geschenkt; denn was es um den Glauben und die Wahrheit ist, hast du unseren Vätern und den Propheten und jedermann verkündigt. Er aber sprach zu uns : Wahrlich, ich sage euch, euch und alle diejenigen, die an den, der mich gesandt hat, glauben und einst glauben werden, die werde ich in den Himmel emporheben, wo der Vater seinen Auserwählten die Stätte bereitet hat, auf dass er (ihnen) die Ruhe, die er (ihnen) verheissen, und das ewige Leben gebe! »[1] Ausserdem wird im Buch der Makkabäer erwähnt, dass Gott den Salomo mit euch nicht verlassen hat, ihr abtrünnigen Juden. Es heisst dort : « Er hört jeden, der ihn anruft, und nimmt das Gebet dessen an, der zu ihm fleht; hat er doch den Menschen nach seinem Bilde und Gleichnis geschaffen und erhält ihn aus seinem unerschöpflichen Reichtum; denn er bleibt in Ewigkeit. »[2] Und die Könige schreiben darüber : « Recht in Gerechtigkeit lässt er die Könige regieren, die seinen Willen tun, und erleuchtet ihre Residenz »[3], was aber noch nicht erklärt, wo sich Abraham, Isaak * und (* p. 9) Jakob befinden, David, Salomo und Hiskia sowie alle guten Könige, die den Willen Gottes taten. Siehe also, unseliger Jude, Feind der Maria, dass Salomo um seiner Tochter Maria willen nicht verloren ging, weil sie Gott geboren hat, den Heiland der Welt! Hat doch der König Salomo auch die Geburt Jesu Christi geweissagt.

Denn unser Herr selbst verkündigte durch seinen Mund : « Höret mich, denn Wichtiges will ich kund tun und Richtiges über meine Lippen ausgehen lassen! Denn Wahrheit soll meine Kehle üben, und unrein sollen vor mir Lügenlippen sein. In Gerechtigkeit steht jedes Wort meines Mundes, es ist nichts Verkehrtes noch Falsches darin. Es liegt alles offen vor den Verständigen und ist richtig denen, die Erkenntnis finden. Nehmet lieber Lehre an denn Silber und Wissen denn geprüftes Gold! Ziehet Erkenntnis reinem Golde vor! Denn Weisheit ist besser als Edelstein, den man teuer verkauft, alle Köstlichkeit reicht nicht an sie heran. Ich, die Weisheit, gebe

[1] II *Test.*, 37 s. [2] Mac. aeth. (siehe den Codex Rüppel II, 7, Frankfurt, fol. 270 s.). [3] *Jer.*, XXIII, 5-6.

der Klugheit Raum, Erkenntnis und Denken rufe ich herbei. Die Furcht des Herrn hasst Unrecht, Hochmut, Überheblichkeit und böse Wege. So bin auch ich der Falschheit feind und den bösen Wegen. Bei mir ist Rat und Halt, bei mir ist Verstand, und bei mir ist Stärke. Durch mich regieren die Könige und schreiben die Machthaber das Recht. Durch mich sind die Grossen erhaben, und die Fürsten halten durch mich Rat. Ich liebe, die mich lieben. Die mich suchen, finden Gnade. Reichtum und Ehre ist bei mir, viel Gut und Gerechtigkeit. Mich erwählen ist besser als Gold und kostbarer Edelstein und meine Frucht besser denn auserlesenes Silber. Ich wandle auf den Wegen der Gerechtigkeit und hefte mich an die Spur des Rechts, dass ich wohl versorge, die mich kennen, und ihre Schätze reichlich fülle. Wenn ich euch von dem verkündige, was täglich sein wird, so gedenke ich der Zahl dessen, was von der Welt her gewesen ist. Der Herr hat mich als Anfang seines Weges zu seinem Schöpfungswerk geschaffen. Vor der Welt hat er mich am Anfang gegründet, bevor er die Erde erschuf und die * Tiefen * p. 10 machte, ehe denn die Wasserquellen hervorbrachen und die Berge eingesenkt waren, — vor allen Hügeln hat er mich geboren. Der Herr schuf die Länder der Völker und die Enden der bewohnten Welt unter dem Himmel. Da er die Himmel bereitete, war ich. Und als er seinen Thron auf den Winden schuf, als er festmachte, was über den Wolken ist, als er die Quellen des Himmels festlegte, als er dem Meer das Ziel setzte und noch kein Wasser aus seinem Munde kam, und als er die Grundlagen der Erde festigte, da war ich mit ihm verbunden : Ich bin es, die sich täglich freut, ich frohlocke vor ihm allezeit. Als er sich über die Weltvollendung freute und über die Menschenkinder frohlockte, war ich. Nun, mein Sohn, höre mich : Selig sind, die meine Wege wahren! Höret die Weisheit und werdet wissend und sperrt euch nicht dagegen! Selig der Mann, der auf mich hört! Und selig, der meinen Weg wahrt und wacht täglich vor meiner Tür und wartet an den Pfosten meines Tores! Denn meine Wege sind Wege des Lebens, und mein Wille ist recht bei dem Herrn. Die aber an mir sündigen, werden schuldig an sich selbst, und die mich hassen, lieben den Tod. »[1] Schau doch, unseliger Jude, wie du den Tod liebst auf Erden und im Himmel! Darum gebührt dir auch der leibliche Tod auf Erden durch Spiess und Schwert, du musst gefangen, beraubt und vernichtet werden,

[1] *Prov.*, VIII, 6-36.

und endlich verdienst du den seelischen Tod im Schrecken der Hölle, in der Flamme des Feuers, wie denn der Sohn durch den weissagungsvollen Mund Salomos spricht : « Die mich hassen, lieben den Tod. »[1] Wahrlich, unseliger Jude, du liebst den Tod mehr als das Leben und hassest den Sohn Gottes, hast du doch den Sohn Gottes, den Sohn der Maria nach dem Fleisch, gekreuzigt, getötet, verworfen und geleugnet. Der sagt klar durch den Mund des Propheten Salomo : « Der Herr hat mich als Anfang seines Weges zu seinem Schöpfungswerk geschaffen. Vor der Welt hat er mich am Anfang gegründet, bevor er die Erde erschuf und die Tiefen
* p. 11 machte, ehe denn die * Wasserquellen hervorbrachen und die Berge eingesenkt waren, — vor allen Hügeln hat er mich geboren. »[2] Was sagst du nun dazu, unseliger Jude, wenn er spricht : « Der Herr hat mich geschaffen »[3] und « Mich hat er am Anfang gegründet »[4] und dann « Vor allen Hügeln hat er mich geboren »[5]? Wenn du behauptest, die Weisheit sei Gott selbst, so redest du falsch. Du fragst, ob Gott denn ohne Weisheit gewesen sei, bevor er die Weisheit schuf. Wir aber antworten : die Weisheit Gottes ist sein Sohn Jesus Christus, der sich nicht von seinem Vater und dem heiligen Geist trennen lässt, nicht einmal für eine Stunde und einen Augenblick. Weder die Weisheit Gottes noch sein Geist noch sein Herz noch der Ratschluss Gottes sind später geschaffen worden, sind überhaupt nicht geschaffen, wie du, unseliger Jude, mit deinem Lügenwort und deinen unreinen Lippen behauptest. Wenn er sagt : « Der Herr hat mich geschaffen »[6], so spricht der Sohn durch den Mund Salomos vom Fleisch der Maria, zweifältig Jungfrau, das der Sohn Gottes angezogen hat. « Mich hat er am Anfang gegründet »[7] sagt er von dem verborgenen Rat vor der Welt. Wahrlich, es war zuerst im Denken Gottes begründet, dass sein Sohn in den letzten Tagen das Fleisch der Maria, zweifältig Jungfrau, anziehe. Und « Vor allen Hügeln hat er mich geboren »[8] sagt er von seiner Geburt vom Vater vor aller Welt. Dies predigen wir in festem Glauben allerorts. Du aber, unseliger Jude, nimm deine Hand vor deinen Mund, denn du kannst dem nichts entgegnen durch die Kraft Jesu Christi, des Heilands der Welt, des Sohnes der Maria, — unseliger Jude, Beleidiger der Maria, — von Ewigkeit zu Ewigkeit, Amen und Amen, so sei es, so sei es, um des Fleisches und Blutes Christi willen, so sei es, so sei es!

1 *Prov.*, VIII, 36. 2 *Ibid.*, 22-25. 3 *Ibid.*, 22. 4 *Ibid.*, 23. 5 *Ibid.*, 25. 6 *Ibid.*, 22. 7 *Ibid.*, 23. 8 *Ibid.*, 25.

Wir glauben dieses grosse *Buch der Dreieinigkeit* [1], welches « Pforte der Sonne » [2] heisst. Die Pforte der Sonne aber ist Maria, die Mutter des Herrn * Christus, den sie empfing und gebar in * p. 12 Jungfräulichkeit des Geistes und Fleisches ohne Makel. O Christenmensch, christ-evangelisch, von den Völkern der Welt erwählt, beuge dich seiner Geburt im reinen Glauben an die Dreieinigkeit, und kniee vor ihm nieder in aufrichtiger Demut! Erstlich glaube an die Geburt Christi von Gott dem Vater, da der Himmel Himmel noch nicht entrollt, die Oberfläche der Erde noch nicht entfaltet und alle Schöpfung noch nicht zu sehen und zu finden war! Der Eingeborene ist er vom Vater, wie der Prediger Salomo sagt : « Vor allen Hügeln hat er mich geboren » [3]. Sodann glaube an die Geburt Christi aus Maria, der Tochter Abrahams, Isaaks und Jakobs! Ist er doch auch der Eingeborene, ohne das Tor der Jungfräulichkeit seiner Mutter in beschwerlicher Niederkunft zu öffnen! [4] Das Wort ward Fleisch, das von der flammenden Glut der Gottheit nicht versehrt wurde.

Christus ist der Sohn der Maria, das Wort des Vaters und des heiligen Geistes, die Quelle der Weisheit : Der Vater ist einer, das Wort ist eins, das ist sein Sohn, und der heilige Geist ist einer. Erkenne, o Christenmensch, dieses Geheimnis der Dreieinigkeit! Der Vater, das sind nicht drei, der Sohn nicht drei und der heilige Geist nicht drei. So lehren uns auch unsere Väter, die Apostel, in ihrem Synodus, wo sie über die 81 Schriften hinsichtlich der Anzahl schreiben : « Eins » [5]. Eins sind bei den Aposteln die 81 Schriften der Anzahl nach. Wenn es da heisst : « Aus einem Wort und einer Rede (schuf) Gott, der Bildner und Schöpfer, * durch * p. 13 sein Wort und seinen Geist » [6], so ist mit Gott, dem Bildner und Schöpfer, der Vater gemeint. Wenn es dann weiter heisst : « Er schuf durch sein Wort » [7], so ist das sein Sohn Jesus Christus. Und wenn es ausserdem heisst : « Er schuf durch seinen Geist » [8], so ist das der Geist der Wahrheit, der Tröster. Das sind also Vater, Sohn und Heiliger Geist, einer als drei und drei als einer. Wir aber

1 Die erste Version dieses Buches mit den Varianten a-g, siehe Einleitung zum Text, p. V. 2 *Ez.*, XLIV, 1. 3 *Prov.*, VIII, 25. 4 *Ez.*, XLIV, 2. 5 Syn. epi. Gemeint ist die Einheit der 81 in Äthiopien kanonisierten biblischen Bücher, beziehungsweise der vom heiligen Klemens empfangenen 81 Canones Apostolorum; siehe W. WRIGHT, *Catalogue of the Ethiopian Mss. in the British Museum*, p. 2, Nr. 3 und p. 3, Nr. 5. 6 *Ibid.* 7 *Ibid.* 8 *Ibid.*

beten gläubig die Dreieinigkeit an, jeder einzelne von uns mit dem Purpur des Glaubens bekleidet. Wenn wir das göttliche Opfer geniessen, mache uns Christus, der Morgenstern, heilig an unserer Seele und unserem Leibe, zu Erben seines Reiches, zu Mitherrschern auf dem Berge Zion, von Ewigkeit zu Ewigkeit, Amen und Amen, so sei es, um des Fleisches und Blutes Christi willen, so sei es, so sei es!

Schau doch, o Christenmensch : es gibt Leute in unserem Lande, Stephaniten [1] genannt, Anhänger der Lehre des Teufels, Flügel des Rates des Bösen, die werfe Christus tief in die Hölle hinab! — von Ewigkeit zu Ewigkeit, Amen und Amen, um des Fleisches und Blutes Christi willen, so sei es, so sei es! Sie behaupten, der Vater existiere mit seinem Wort und seinem Geist, der Sohn existiere mit seinem Wort und seinem Geist und der heilige Geist existiere mit seinem Wort und seinem Geist. Höre, o Christ, die so etwas behaupten, setzen drei Gottheiten, drei Herrschaften und drei Gewalten und vergleichen sie mit Adam, Set und Enos, die je ein Wort und einen Geist hatten; denn Adams Herz und Sinn ist anders, Sets Herz und Sinn ist anders und Enos' Herz und Sinn ist anders, — die drei stimmen miteinander, sei es in ihrem Herzen oder in ihrem Sinne, also nicht überein. Die Schriftkundigen aber sagen : Wenn 100(00) Menschen Gott, ihr
* p. 14 Schöpfer, nur einen Geist gäbe, * dann wäre ihr Herz und ihr Sinn eins; und wenn dieser ihr einiger Geist stürbe, dann würden auch die 100(00) Menschen sterben wie einer, und wenn dieser ihr einiger Geist lebte, dann würden auch die 100(00) Menschen leben wie einer. O Christenmensch, bleibe hinter diesem Glauben nicht zurück und überschreite ihn nicht! Der Vater aber, Gott, ist einer; das Wort, Gott, ist eins, das ist der Sohn; und der heilige Geist, Gott, ist einer, — einer als drei und drei als einer. Ihr Herz ist eins, ihr Sinn ist einer, ihr Rat ist einer, ihre Herrschaft ist eine, und ihre Gewalt ist eine. In einem solchen Glauben lasst uns die heilige Dreieinigkeit anbeten, indem wir das Fleisch und Blut Jesu Christi, des Morgensterns, der vollkommenen Wahrheitssonne, des Heilands der Welt, geniessen. In zweifältiger Jungfrauschaft empfing und gebar Maria den, der in der 8. Woche nach der Frist Henochs [2], des ersten der Propheten, und des Propheten

[1] Siehe Einleitung zum Text, pg. V; und K. WENDT, *Die theologischen Auseinandersetzungen*, pg. 144 s. [2] *Hen.*, XCI, 12.

Daniel[1], der den Löwen das Maul schloss, gekommen ist. Jesus Christus, der furchtbare und schreckliche Morgenstern, die eine von den drei Personen, das Himmelstor für die auserwählten Schafe des Evangeliums, mache, dass wir bei seiner Wiederkunft vor ihm herspringen und nicht durch den Zorn seiner Stimme gestraft werden, von Ewigkeit zu Ewigkeit, Amen und Amen, so sei es, um des Fleisches und Blutes Christi willen, so sei es, so sei es!

Wir schreiben die *Wunder zur Geburt unseres Herrn und Heilands Jesu Christi*[2], Kraft von Kraft, des Sohnes der Maria, zweifältig Jungfrau, der für uns durch die Fürbitte seiner Mutter Zeichen und Wunder getan hat, des Immanuel, heute an diesem Fest, da er uns geboren ward, heute, nach der Frist * Henochs und Daniels * p. 15 sowie nach der Frist der Propheten, die niemand nach unten oder oben abändern kann. Die Fürbitte seiner Mutter Maria, zweifältig Jungfrau, weide uns alle Tage, von Ewigkeit zu Ewigkeit, Amen und Amen, so sei es, um seines Fleisches und Blutes willen, so sei es, so sei es!

Als wir in Dabra Meṭmāq[3] waren, da waren es gerade 11 Jahre und 7 Monate, seitdem uns Gott als König hat auf diesem orthodoxen Thron regieren lassen. In jenem 11. Jahre und 7. Monat, vor dem Fest unserer Herrin Maria, zweifältig Jungfrau, hörte man die Kunde, dass Badlāy herannahe; nur wusste man noch nicht genau, ob gen Dawāro oder gen Ifāt[4]. Am 21. war das Fest unserer Herrin Maria, zweifältig Jungfrau, nämlich am 21. Tāhsās, da sprach der König zu den Priestern und Mönchen : « Betet zu Gott und zu Maria, zweifältig Jungfrau, dass sie diesen ungläubigen Badlāy zu Fall bringe! » An jenem Tage war gerade das Fest unserer Herrin Maria, zweifältig Jungfrau. Als die Priester beim Chorgesang mit dem Lobpreis unserer Herrin Maria, zweifältig Jungfrau[5], im Chorraum fertig waren, ohne den Salām-Hymnus[6]

[1] *Dan.*, IX, 24-27. [2] Die zum Geburtsfest Christi gehörigen Wunder; siehe Einleitung zum Text, p. IV. [3] Dieses Kloster hat Zara Jakob in der Landschaft Taguelat in Südschoa zur Erinnerung an das von den Mohammedanern verbrannte ägyptische Kloster al-Maġṭas erbauen lassen; siehe *Les Chroniques de Zar'a Yâ'qôb et de Ba'eda Māryām*, ed. J. PERRUCHON, Paris, 1893, p. 56, 57, 66, 79, 88, 116. [4] Provinzen im Südosten Äthiopiens. [5] *Der Weddāsē Māryām*, ed. E. FRIES, Leipzig, 1899; vgl. E. EURINGER, *Der mutmassliche Verfasser der koptischen Theodokia und des äthiopischen Weddāsē Māryām*, in *Oriens Christianus*, N.S.I., 1911, p. 215-226; E. CERULLI, *Miracoli di Maria*, p. 289-300. [6] Wohl ein Salām auf Maria, vielleicht der bei A. DILLMANN, *Chrestomathia aethiopica*, Lipsiae, 1866, p. 147 s. veröffentlichte.

zu beendigen, verlas ein Mann das *Buch der Wunder unserer Herrin Maria,* zweifältig Jungfrau[1]. Als er mit der Verlesung ihrer Wunder fertig und gerade dabei war, sich ein wenig auszuruhen, da sah er im Chorraum rechts zum Bilde unserer Herrin Maria, zweifältig Jungfrau, hin eine Hand gleich der eines Ägypters[2], wie sie auf die Wegrichtung des Königs deutete, in der er zu marschieren beabsichtigte. Da erkannte jener Mann, dass sie ihm das Wunder vom Tode des Badlāy anzeigte. Am nächsten Tage feierte der König das Fest der Maria, zweifältig Jungfrau, wie es ihr Dāqsyos am 22. Tāhsās festgesetzt hat[3]. Dies sind nun die Wunder der Geburt Christi und die Wunder der Maria, zweifältig Jungfrau[4], an dem Thron des Königs, der rein von allem Gemeinen und Bösen ist. Darauf kam also Badlāy, der Häuptling der Moham- * p. 16 medaner, heran, indem er sich rühmte und * in Grosstuerei aufblähte. In Bālī setzte er einen Bālī-Garād[5] ein, und in Dawāro setzte er einen sogenannten Dawāro-Rās[6] ein. In Schoa setzte er einen sogenannten Schoa-Ṣaḥafalām[7] ein, und in Faṭagār setzte er sogar einen Ḥosguā ein[8]. In Dāmōt und Goddjām[9] setzte er auch einen ein. Auch in Ifāt setzte er ebenfalls einen ein. In ganz Äthiopien setzte er ebenso Militärverwalter ein in der Torheit seines Herzens. Er selbst kam in Ausgelassenheit heran und zog bis an die Grenze von Dawāro. Da kam ein Mann aus Dawāro, der ihn von ferne gesehen hatte, und ging des Nachts zur Pforte des Königs. Man rief Alarm, da der König schon eingeschlafen war, und er hörte den Alarmruf. Der König schickte einige seiner

1 Siehe Einleitung zum Text, p. IV. 2 Sie war nämlich weiss. 3 Dāqsyos, Bischof von Telṭelyā, das ist Ildefons, der Bischof von Toledo; das ihm hier zugeschriebene Marienfest ist durch die Übersetzung des Buches der Wunder der Maria nach Äthiopien gelangt; siehe E. CERULLI, *Miracoli di Maria,* p. 307. 4 Siehe oben und Einleitung zum Text, p. IV. 5 Bāli ist die südöstlichste Provinz Äthiopiens; Garād ist der Titel eines Provinzstatthalters, siehe I. GUIDI, *Vocabolario amarico,* Rom. 1901, col. 729. 6 Rās ist ein Fürst, besonders im militärischen Sinne des Wortes, Herzog, siehe I. GUIDI, *Vocabolario amarico,* col. 124. 7 Sēwā ist Schoa, eine Provinz im Südosten Äthiopiens; Ṣaḥafalām muss analog zu den anderen Amtsbezeichnungen der Titel eines Provinzverwalters sein (schon im XIV. Jahrhundert bezeugt; siehe *L'Histoire des guerres de ʿAmda Ṣeyon,* ed. J. PERRUCHON, *Journal Asiatique,* Bd. XIV, 1889, p. 281, 330). 8 Ḥosguā ist der Titel des Feudalchefs von Faṭagār; siehe J. PERRUCHON, *Les Chroniques,* p. 112. 9 Provinzen im Osten Äthiopiens; Guazzām ist Goddjam.

Knechte aus, dass sie ihn schnell zu ihm brächten; und er kam hin und meldete dem König und sprach : « Ich habe Badlāy mit meinen eigenen Augen gesehen. » Da entliessen sie jenen Mann wieder. Der König wartete, bis der Hahn krähte. Nachdem der Hahn gekräht hatte, sprach er zu ihnen : « Stosset ins Horn! » Da wurde an der Pforte des Königs ins Horn gestossen, und alle Truppen versammelten sich in der Nacht. Der König sandte an alle seine Truppen folgenden Befehl : « Haltet euch zum Morgenanbruch bereit mit Maultieren, Proviant, euren Knechten und Waffen! » Als es Morgen war, da machte sich der König von Dabra Meṭmāq auf, seine Truppen aber waren nicht dabei; denn der König sprach zu ihnen : « Gehet hin und verbringet den Winter jeder in seinem Lande! » Baʿāldiho und Baʿāldāmmo [1] waren nicht da, denn sie hatten ihr Lager verlassen. An ihrer Statt hatten die Bēt-Ṭabbāqi [2] das Lager bezogen. Auch die Lolamazakat [3] waren nicht da, nur die Leute, die die Pferde bewachten. Und am 24. Tāhsās zog der König aus und kam zum Hawasch-Fluss [4] und überschritt den Hawasch-Fluss. Der König aber untersagte, dass man ihm den Baldachin halte, und er nannte sich selbst « Ḥasāb-Wasan » [5], damit ihn Badlāy nicht erkenne und ihm entkomme. Nachdem der König den Hawasch-Fluss überschritten hatte, meldete man ihm, dass Badlāy die Kirche von... [6] in Brand gesteckt hätte. Da brannte des Königs Herz wie Feuer. Der Tag war ein Freitag. Und die Truppen rückten nur einzeln vor, denn der König marschierte in Eile. Und der König erledigte an einem Tage drei Tagereisen von Faṭagār * bis zum Lande Gomit [7]. Er erreichte Gomit noch in der Nacht des Freitag vor Anbruch des Samstag. Da sprach der König zu den Dawāro-Leuten, die zu ihm gekommen waren : « Ihr sollt uns kein Huldigungsgeschenk oder sonst irgend-

* p. 17

1 Der Herr von Diho und der Herr von Dāmmo. Dabra Dāmmo ist ein Kloster in Tigre, Dabra Diho wahrscheinlich auch. Mit den Herren sind wohl die Gouverneure jener Klosterbereiche mit ihren Streitkräften gemeint; siehe J. PERRUCHON, *Les Chroniques*, p. 101. 2 Der Gouverneur von Tadbāba Māryām mit seiner Truppe, siehe I. GUIDI, *Vocabolario amarico*, col. 337; Leibgarde. 3 Der Name einer Truppe. 4 Bāḥra Hawwāsē ist der Hawaschfluss. 5 (Makonnen) Ḥasāb-Wasan, der Name eines hohen Beamten Zara Jakobs, den dieser als Pseudonym annahm. 6 Nach E. CERULLI, *L'Etiopia nel secolo, XV*, p. 92 wäre auf Grund von Ms. d'Abbadie 222 und Ms. Veroli an dieser verderbten Stelle « Ṣakrā » einzusetzen. 7 An der Grenze von Dawāro.

etwas bringen, damit ihr unseren Namen nicht offenbart, und ihr sollt nicht sagen, der König sei gekommen!» Und der König sandte drei Männer aus, der eine hiess Ganz-Raʿād[1], der war König von Gani[2], der andere Ḥarb Wasan, der war Ganz-Garād, der dritte Maʿātāy, der war Zin-Ṣaganā[3], Rās von Darabā-Mu'āy. Zu diesen sprach der König : « Kündigt dem Badlāy an, dass ich, Ḥasāb-Wasan, Knecht des Königs David, gekommen sei. Halte dich bereit, dass wir morgen früh zusammentreffen, damit du nicht sagen kannst : er ist überraschend zu mir gekommen, ohne dass ich ihn erkannt habe!» Diese Gesandten gaben die Erklärung zur Zeit der Morgenröte ab, wie ihnen der König aufgetragen hatte. Da sprach Badlāy : « Nehmet sie fest, nehmet sie fest!» Doch sie bestiegen ihre Pferde und entkamen ihm. Der König aber ging noch vor Anbruch der Morgenröte zum Chorzelt, das sich zu seiner Rechten befand. Mit ihm gingen der Qaisa-Ḥaṣey, der Ṣarāg-Māsarē, der Liqa-Dabtarā und der ʿAqābē-Saʿāt Amḫālaṣeyon[4]. Und sie hielten einen feierlichen Lobgottesdienst auf die Geburt Christi, indem sie sangen : « In der Krippe lag er in Windeln gewickelt »[5] bis zuende. Als sie damit fertig waren, grüsste der König das Bild unserer Herrin Maria, zweifältig Jungfrau. Dann ging der König hinaus und machte sich auf den Marsch, während der Morgen anbrach. Da weinten der Qaisa Ḥaṣey, der Ṣarāg-Māsarē, der Liqa-Dabtarā und der ʿAqābē-Sa-ʿāt und alle, die zu den Obersten und Priestern gehörten, indem sie sprachen : « Mit wem ziehst du aus, König? Wir nehmen unsere Zuflucht bei der Geburt Christi, dass du nicht ausziehst, König! Die Hälfte deiner Truppen ist nicht gekommen. Und die gekommen sind, siehe, sie schlafen.» Da sprach der König zu uns : « Um die Minderzahl der Truppen bekümmert euch nur nicht! Kümmernis aber geziemte sich, wenn der Herr nicht mit uns wäre.» Und der König weigerte sich, auf ihre Worte zu hören, stieg zu Pferde, machte sich mit den wenigen Truppen auf den Weg und gelangte auf die Schanzen[6] von Gomit. Dann zog er von den Schanzen weg und stieg zur Ebene hin-

[1] Ganz ist eine Landschaft im Süden Äthiopiens. [2] Vasallenreich im Süden Äthiopiens. [3] Ein königlicher Ratgeber. [4] Hohe geistliche Würdenträger; *ʿAqābē-Sāʿāt* ist der Titel des Abtes von St. Stephan zu Ḥayq, damals noch Oberhaupt des äthiopischen Mönchtums; zu *Amḫā la-Ṣeyon,* siehe J. PERRUCHON, *Les Chroniques,* p. 7 und 20-21. [5] Anfang der Weihnachtsantiphon im ʿEzel-Ton; siehe *Luc.,* II, 7. [6] ምትግ ፡ oder ምችግ፡ ist eine militärische Befestigung; siehe I. GUIDI, *Vocabolario amarico,* col. 84.

auf. Badlāy aber machte sich * vom Lande Aḥadu-Eṣ auf und bewegte sich in Eilmärschen fort, um zu fliehen und zu entkommen. Aber der König verfolgte ihn in Eilmärschen und sah Badlāy von ferne. Der König sprach : « Von jetzt ab aber nehmet drei Baldachine und blaset das Schlachthorn! »[1] Seitdem sich der König von Dabra Meṭmāq aufgemacht hatte, hatte man bis auf diesen Tag noch keinen Baldachin gebraucht und das Schlachthorn noch nicht geblasen. Da rief Badlāy die Garāds zusammen und sprach zu ihnen : « Was dünkt euch, wohin wir nun entweichen? Los, rufen wir zum heiligen Krieg[2] auf! » Und sie antworteten ihm : « Es sei, wie du sagst! » Dies sagten dem König die Gefangenen, der sogenannte Dārʿāli[3], der alle Panzerpferde Badlāys unter sich hatte, und auch sein Sohn, ebenso sein Schreiber, die an jenem Tage gefangen genommen waren, wieder. Alle Gefangenen sagten dies aus. Da machte Badlāy kehrt und wandte sich gegen den König. Und der König marschierte gegen ihn mit seinen wenigen Truppen; und es liessen den König noch alle diejenigen im Stich, die Panzerpferde ritten. Nur der Beḥt-Wadad[4] Dānay harrte bei ihm aus. Er aber, Badlāy, hatte zur Rechten und zur Linken viele Panzerpferde, und vor ihm umgaben ihn Schildträger, die Košm[5] genannt wurden. Und der König stiess mit ihm zusammen. Auf diesen schoss Maria, zweifältig Jungfrau, und auf Dānay schoss einer von den Košm, die Badlāy umgaben. Die Schlacht gegen die Ungläubigen war heftig. Allein durch die Hand des erhabenen Herrn und die Hand der Maria, zweifältig Jungfrau, der Mutter des Heilands der Welt, wichen sie endlich zurück. Der Kopf Arwē Badlāys, des unseligen Ungeheuers, wurde abgehauen. Daraufhin sammelten sich alle Reiter wieder, die geflohen waren; denn nachdem sie entwichen waren, wurde die Schlacht erst heftig. Doch wandten sie sich abermals zur Flucht durch die Macht der Maria, zweifältig Jungfrau. Auch Karaddin[6], sein Bruder, wurde gefangen genommen. Man tötete ihn und hieb ihm seinen Kopf ab. Auch erbeutete man die Pferde Badlāys, die er geritten, die Schwerter und goldenen Dolche; ferner die goldenen Amulette

* p. 18

1 Sonst ምስር፡ ቃና፡ geschrieben; eine hornartige Trompete, siehe I. Guidi, *Vocabolario amarico*, col. 72/73. 2 ጂሐድ፡ ist arab. جهَاد der heilige Krieg. 3 Vielleicht arab. دَار عَلِي ; moh. Verwaltungsoffizier. 4 Oberster Ratgeber des Königs; siehe I. Guidi, *Vocabolario Amarico*, col. 682/83. 5 Vielleicht arab. الحَوَاشِي im Sinne von « Leibgarde »; also *ḥawāšī* > *koš*, der arab. Artikel wäre durch das enklitische *-m(a)* wiedergegeben. 6 Arab. خَيْر الدين Ḫair ed-dīn.

von je 12 Ellen und je 3 Ellen, auf denen Namen geschrieben standen, geschrieben mit goldener Schrift [1]. Diese trug er zur Zeit * p. 19 des Streites, * damit sich vor ihm keine Waffe erhebe, in falschem Vertrauen auf jene unreinen Inschriften. Der König aber trug überhaupt keine solchen Namen mit sich, als die sogenannten « Äthiopiens Herren der Namen » zum Könige also sprachen : « Wir waren bei deinen Brüdern und haben ihnen Namen für den Kampf gegeben. » Der König hörte jedoch nicht auf ihre Rede und nahm ihr Ansinnen nicht an, sondern erwiderte nur : « Mir hilft die Hilfe des Herrn! » Der König aber befahl, nachdem er seine Feinde besiegt hatte, alle Panzerpferde und die tragenden und unbelasteten Stuten zu zählen. Man zählte auch die feindlichen Panzer, und ihre Zahl betrug samt dem Panzer und Sattel des Badlāy und denen seiner Truppen 400. An Pferden, die eine Schabracke trugen, waren es 600. Die Geschlechtsteile der vor dem König Gefallenen wurden im Lager des Königs aufgehängt und betrugen 40.000. Und diejenigen, von denen man keine Geschlechtsteile fand, die im Fluss, in den Schluchten oder auf den Wegen umkamen, während der Flucht von Lanzen durchbohrt, waren 110.000. Die Summe aller derer, die von den Truppen Badlāys in der Schlacht gefallen waren, betrug also 150.000. Denn Badlāy hatte viele Truppen gesammelt von Bēta-Maʿālā bis nach Mogadischo [2], dazu die Adal-Leute. Man rechnete die Zahl aller Gefallenen und Gefangenen je in ihren Ländern genau aus, nachdem Badlāy mit seinen Truppen gefallen war. Die Gefangenen sagten aus, dass sie, als sie ins Feld zogen, in ihrem Lande nach Männern gezählt worden seien. Und als die aus der Schlacht Entkommenen wieder in ihr Land zurückkehrten, wurden sie wiederum je in ihrem Lande gezählt. Danach betrug die Zahl der Gefallenen eben 150.000 ohne Frauen und Kinder. Die Gestalt seines Maulesels war wie ein grosses Pferd; und man hat zuvor im Lande Äthiopien nie einen solchen Maulesel gesehen, der 3 Ellen gross war. Sein Zaumzeug war aus Gold mit glänzenden Edelsteinen und einem Spiegel, der alles vor dem Maulesel reflektierte. Dies alles und dergleichen Beutegegenstände alle, die über dieses *Buch der Weihnacht* hinausgehen, steht in den

1 Magische Namen der heidnischen Zauberpraxis; siehe E. Cerulli, *L'Etiopia del secolo XV*, p. 94, Anmkg. 1. 2 Maqduš, siehe E. Cerulli, *L'Etiopia del secolo XV*, p. 94, Anmkg. 2.

Wundern der Maria, dazu noch ein grosses tiefblaues, seidenes Kleidungsstück, das von dem Lagertor * des rechten Beḥt-Wadad * p. 20 bis zum Lagertor des linken Beḥt-Wadad reichte, wenn man es ausspannte, und es blieb noch etwas über.

Diese Wunder der Geburt unseres Herrn und Heilands haben wir mit unseren eigenen Augen gesehen und die Wunder der Maria, zweifältig Jungfrau, unserer Herrin, am 29. Tāhsās. Durch das Schwert seiner Geburt fällte er den Satan Badlāy, der so viele Kirchen, Stätten der Gläubigen, in Brand gesteckt hat. Es geschah nicht durch unser Werk und unsere Gerechtigkeit, sondern durch die Gnade des Herrn, unseres Gottes. Nunmehr lasse uns der, der uns erschaffen hat, aus der Liebe des Herrn und aus der Liebe der Maria nicht mehr herausgehen, uns Christenvolk insgesamt! Durch sein Fleisch und sein Blut bergen wir uns im Linnen seiner Geburt, auf dass er uns beschütze, von Ewigkeit zu Ewigkeit, Amen und Amen, um des Fleisches und Blutes Christi willen, so sei es, so sei es!

Höret, ihr Christenleute allesamt! Der selige Christenmensch, der das Gedächtnis der Geburt unseres Herrn Jesus Christus und das Gedächtnis seiner Mutter Maria, zweifältig Jungfrau, feiert, wird auf Erden von dem verlorenen Satan erlöst, und wenn er stirbt, soll er nicht verloren sein. Darum geziemt ihm die Gedächtnisfeier der Geburt unseres Herrn Jesus Christus; und für die Gedächtnisfeier unserer Herrin Maria, zweifältig Jungfrau, soll er Ehre und Reichtum finden. Ausser für die Gedächtnisfeier unseres Herrn Jesus Christus und unserer Herrin Maria, zweifältig Jungfrau, soll er auch für die Gedächtnisfeier der Heiligen das grosse Gnadengeschenk des himmlischen Lebens finden. Höret, was wir euch verkündigen, ihr Christenleute allesamt, gläubige Männer und Frauen, vernachlässigt nicht die Gedächtnisfeier und die Ehre des Festes der neun wachedienenden Erzengel! Die Gedächtnisfeier dieser ehrwürdigen Erzengel erscheine euch ja nicht zu klein und gering! Reich und arm feiere ihr Gedächtnis! Die Reichen sollen viel Speise und Trank spenden, dazu die Nackten kleiden. Und der Arme soll nicht sagen : « Ich bin doch arm, womit soll ich ihr Gedächtnis feiern? Ich habe nichts von den Dingen dieser * Welt. » Du Armer, * p. 21 es mangelt dir doch nicht, ihr Gedächtnis zu feiern, an kaltem Wasser sowie an essbaren, nicht bitteren Steppenkräutern und Baumfrüchten, lieblich zu ihrer Zeit. Auch viel Erdfrüchte gibt es,

womit sich die Armen dieser Welt ernähren. Die werden nicht von der Hand des schwachen Menschen gesät, sondern wachsen durch die Macht Gottes auf dem Felde und in der Steppe, sind auch nicht zu zählen. Von denen, die da auf der ganzen Erde wachsen, nennen wir euch die Namen, soweit wir sie kennen : Die Schrift nennt eins Queʿent [1], in der weltlichen Sprache heisst es Ṣāṣāt. Dann gibt es eins, Sādā [2] genannt, das den Beduinen in der Wüste zur Nahrung dient. Wieviel gibt es nur von diesem und dergleichen? Und an Wasser und Steppenkräutern mangelt es doch nie! Vor Gott ist es sogar ehrenvoll, wenn die Armen das Gedächtnis aller Heiligen mit dem allen und dergleichen feiern. Das ist dem Herrn lieber als prächtige Rinder und allerlei Most und Wein, wie er doch einst das Scherflein der Witwe mehr liebte als das Opfer der Hebräer [3]. Dies alles und dergleichen habt ihr ja, ihr Armen, um das Gedächtnis der Erzengel mit allerlei Früchten der Erde und allerlei Früchten der Bäume zu feiern. Und das grösste von allem : Ein Armer findet allzumal kaltes Wasser! [4] Der Arme kann das Wasser als Erfrischung mit zur Kirche bringen, damit die Christen sich daran erquicken, nachdem sie das Altarsakrament empfangen haben. Die Priester und alle Laien können sich darin ihre Hände waschen oder die Durstigen es trinken. In der Sakristei können die Diakone damit ihre Arbeit verrichten. Und besonders die amtierenden Priester und Diakone, die an jenem Tage Dienst tun, das Altarsakrament zu spenden, jene Priester und Diakone können sich darin ihre Hände und Füsse waschen, wie es bereits im Gesetz geschrieben steht [5]. Hier geht es allerdings nur um Christus und die Ehre seines Fleisches und Blutes, während im Gesetz geboten ist, dass sich die Opferpriester ihre Füsse für die Darbringung des Tieropfers waschen. Wer dem Armen, der das kalte Was-
* p. 22 ser * zur Kirche bringt, an Nahrung und den Dingen dieser Welt gibt, an denen es ihm gebricht, dessen Lohn ist grösser als der aller Könige und Kirchenfürsten, aller Mächtigen und Reichen für das, was sie je zur Kirche mitgebracht und den Armen gegeben

[1] Amh. ቍንጯ ist « une tubercule globuliforme d'une toute petite plante; on la mange en temps de disette »; siehe J. Bæteman, *Dictionnaire amarigna-français*, Paris, 1929, col. 377. [2] « Specie di pianta (liana) la cui radice tubercolosa si mangia cotta (c'est le Hocĭno des Oromo) »; siehe I. Guidi, *Vocabolario amarico*, col. 189. [3] *Marc.*, XII, 41-44. [4] *Matth.*, X, 42. [5] *Ex.*, XXX, 17-21.

haben. So sah denn auch unser Herr Jesus Christus die Gabe der Witwe, die sie brachte, die zwei Groschen, für grösser an, wie es im Evangelium heisst : « Als der Herr Jesus an der Pforte gegenüber dem Gotteskasten sass, sah er die Leute an, wie sie die Scherflein brachten und in den Gotteskasten warfen; und viel Reiche brachten viel. Und es kam eine arme Witwe und brachte zwei Scherflein, die man Heller nennt. Da rief er seine Jünger und sprach zu ihnen : Wahrlich, ich sage euch, diese arme Witwe hat mehr gebracht als alle, die zum Gotteskasten gebracht haben; denn diese alle, die zum Gotteskasten gebracht haben, haben von ihrem Übrigen gebracht; diese aber hat von ihrer Armut alles, was sie hatte, gebracht und alle ihre Nahrung. »[1] So ist der Lohn der Armen gross unter den Gottesverehrern, wie unser Herr im Evangelium sagt : « Diese arme Witwe hat mehr gebracht als alle, die zum Gotteskasten gebracht haben; denn alle, die gebracht haben, haben von ihrem Übrigen gebracht; diese aber hat von ihrer Armut alles, was sie hatte, gebracht und alle ihre Nahrung. »[2] Unter den Armen gibt es zwei Arten : Solche, die an weltlichem Gut arm, an ihrem Leibe aber gesund sind, die eben nur nichts besitzen, Mann oder Weib. Denen mangelt es gewiss nicht an Speise, Feste zu feiern. Denn sie stehen bei den Reichen im Dienst und verdienen für ihre Arbeit bei den Reichen, um Feste feiern zu können. Das sind alles solche Arme, die Holz spalten oder Steine und Holz tragen und die Häuser der Reichen sauber machen. Alle diese gesunden Armen haben keinen Mangel, Feste zu feiern. Sodann höret, wir wollen euch über die Armen und Bedürftigen an weltlichem Gut verkündigen, die über * ihre Armut noch an ihrem ganzen Leibe (* p. 23) krank und an allen ihren Gliedern sehr gebrechlich sind! Auch sie können das Gedächtnis der wachedienenden Erzengel feiern, wie uns die Apostel, die Prediger vom Gottesreich, lehren, indem sie Almosen von guten Menschen, Freunden der Armen, annehmen, sei es, dass man ihnen ein halbes Brot oder gar ein ganzes Brot, sei es, dass man ihnen einen halben Becher oder einen vollen Becher gibt. Wer also Almosen empfängt, gross oder klein, und einem anderen Armen ein wenig von seiner Speise abgibt, der erfüllt die vorgeschriebene Feier ihrer Feste. Wer so handelt, den loben die Apostel in ihrer Didaskalie und nennen ihn Lade des

[1] *Marc.*, XII, 41-44. [2] *Ibid.*

heiligen Geistes; die Apostel loben ihn mit den Worten : « Wer aber von dem spendet, was er als Almosen erhielt, und gibt der Waise und dem Alten oder dem Kranken und kinderreichen Armen, — wer so handelt, den verachtet nicht, sondern lobet ihn, denn das ist Gott ein Opfer. Es ist zudem recht und billig, dass er allezeit ohne Unterlass für diejenigen bete, die ihm das Almosen gegeben haben. »[1] Das schrieben die Apostel über die Armen der Welt. Darum lehret sie, ihr Priester, auf dass der Arme nicht sage : « Ich bin arm und kann weder das Fest des Gedächtnisses der in zweifältiger Jungfrauschaft heiligen, an ihrem ganzen Fleische versiegelten Maria feiern noch das Gedächtnis der Propheten und Apostel, das der Gerechten und Märtyrer, das der Erzengel, der vierundzwanzig himmlischen Priester und der vier Tiere, die den Thron des Herrn Zebaoth tragen. » Der Arme braucht ja auch nur kaltes Wasser zu geben, hat unser Herr im Evangelium vom Gottesreich geboten[2]. Versäumet nicht, das Gedächtnis der neun Erzengel zu feiern, denn sie beten für alle Kreatur und tragen das Gebet der Menschen am frühen Morgen und späten Abend empor, wie der grosse, hochgepriesene Makarius geschaut hat. Denn Makarius der Grosse sah
* p. 24 ganz deutlich die Engel, * wie sie sich als Hüter der Gerechten freuten. Dann sah er aber auch die Engel, wie sie als Beobachter der Sünder weinten. Unser Herr sagt im Evangelium darüber : « Sehet zu, dass ihr nicht jemand von diesen Kleinen verachtet! Ich sage euch, dass ihre Engel ewig im Himmel sehen allezeit das Angesicht meines Vaters im Himmel. »[3] Selig aber die Christen, die das Gedächtnis der Erzengel feiern, das der himmlischen Priester und der vier Tiere, das aller Propheten und Apostel, der Gerechten und Märtyrer, feiern auch das Gedächtnis der heiligen, in Jungfräulichkeit des Geistes und Fleisches versiegelten Maria! Solange sie auf Erden weilen, ehe sie sterben, segnen sie sie und bewahren ihre Seele und ihren Leib, dass die bösen Geister ihnen kein Leid antun; wenn sie krank sind, sorgen sie für sie und heilen sie, — Maria aber, ihre Herrin, hilft allem Christenvolk. Und wenn sie sterben, gehen sie aus dieser Welt hinüber. Maria kommt dann allen Heiligen voran und spricht zu dem Betreffenden : « Fürchte dich nicht, der du mein Gedächtnis gefeiert hast » und bedeckt ihn mit ihren Gewändern. Da kommen auch alle wachedienenden

[1] *Did.*, IV, 3. [2] *Matth.*, X, 42. [3] *Matth.*, XVIII, 10.

Erzengel ihr nach und sprechen : « Willkommen, o Seele, die du unser Gedächtnis gefeiert hast! » Und alle Propheten und Apostel, Heilige und Märtyrer sprechen ebenso zu ihr und kämpfen mit den bösen Geistern um sie, bis sie ans Ziel gelangt und sich vor ihrem Schöpfer niederwirft, bis das gerechte Urteil aus dem Munde des Richters der Gerechtigkeit ergeht, sei es Zorn oder Erbarmung. Für jeden Christen, der ihr Gedächtnis feiert, ruhen sie nicht einen Augenblick, Ihn an sein ihnen gegebenes Versprechen zu erinnern und sprechen zu Ihm : « Gedenke an deine Verheissung, die du uns im Evangelium mit den Worten gegeben hast : Wer einen Propheten aufnimmt in eines Propheten Namen, der wird eines Propheten Lohn empfangen; wer einen Gerechten aufnimmt in eines Gerechten Namen, der wird eines Gerechten Lohn finden und empfangen; und wer dieser Geringen einen nur mit einem Becher kalten Wassers gleichsam im Namen meines Jüngers tränkt, wahrlich, ich sage euch, dass sein Lohn nicht ausbleiben wird. »[1] So belehrte er die Sünder über * seine erwählten Knechte und über seine Mutter Maria, den Thron des Lichts. « Und es ist unmöglich, dass Gott, der die Sünder liebt, lüge »[2], wie Paulus, der Walter der Christen, sagt. Uns aber hinterliess Jesus Christus als Erbe, das Gedächtnis seiner heiligen Engel, das seiner Propheten und Apostel und das seiner Gerechten und Märtyrer zu feiern, um seines Fleisches und Blutes willen, dessen Opfer nicht verzehrt wird, von Ewigkeit zu Ewigkeit, Amen und Amen, so sei es, um seines Fleisches und Blutes willen, so sei es, so sei es!

* p. 25

II

DIE LESUNG AM 29. ṬERR

Im Namen des Vaters und des Sohnes und des heiligen Geistes, eines Gottes in heiliger Dreifaltigkeit, daran ich glaube und darin ich mich berge vor dieser meiner Mutter, der Kirche, da mein Bekenntnis Maria Zion ist, Amen.

[1] *Matth.*, x, 41-42. [2] *Hebr.*, vi, 18.

Dieses Lehrstück wird das *Buch der Weihnacht* genannt, das am 29. Ṭerr (5. II.) verlesen wird, dem Fest der Geburt unseres Herrn Jesus Christus, des einigen Sohnes.

Höret doch nun, ihr Schmarotzerjuden allesamt, warum wollt ihr denn jetzt das Volk des Evangeliums, die Christen, verführen, — damit sie so verflucht seien wie ihr? Wohin wollt ihr sie denn bringen, wo ihr selber doch keine Heimat, keine Häuser, keine Felder und Länder habt? Gott hat euch doch zerstreut, als er von eurem Hause das Priestertum, die Königsherrschaft und die Prophetie wegnahm und euch das Erbland entriss, das er euren Vätern gegeben hatte, das Land, darin Milch und Honig fliesst. Da wurdet
* p. 26 ihr * Irrwanderer, wie der Prophet Hosea sagt : « Gott hat sie verworfen, darum dass sie ihn nicht hören wollten. So werden denn aus ihnen Irrwanderer unter den Völkern werden. Israel war ein spriessender Weingarten und seine Frucht lieblich. Aber wieviel Früchte er ihnen auch brachte, soviel Altäre bauten sie, und wo das Land am besten war, errichteten sie Bildsäulen. Ihr Herz war zerteilt. Jetzt ist es aus mit ihnen. Er selbst wird ihre Altäre zerschmettern, und sie werden mit ihnen zuschanden werden. Siehe, nun sagen sie : Wir haben keinen König, denn wir fürchteten den Herrn nicht. Was soll uns der König, der fälschlich Lügen redet, Verträge schliesst und das Recht nicht einlöst, der wie Gras ist, das den Boden auf der Steppe bedeckt? Denn das Volk sorgte um das Haus des Stiergötzen, wo die Samariter wohnen. Aber in dem Masse, wie man ihn erkennt, wird man über seine Herrlichkeit lachen, denn man wird ihn rauben und von dort wegführen. Man wird ihn schänden und ins Assyrerland schicken. Man wird ihn dem König Jarim zum Geschenk überreichen und Ephraim einnehmen. Israel wird an seinem Vorhaben zuschanden werden. Samaria verwarf seinen König wie einen Halm auf die Wasserfläche. Die Höhen der Götzen Israels sollen vernichtet werden. Dornen und Disteln sollen auf ihren Altären wachsen. Dann werden sie zu den Bergen sprechen : Bedecket uns! und zu den Hügeln : Fallet über uns!, seit Israel auf seinen Hügeln sündigte. »[1] Höre doch, unseliger Jude, Daniel sagt nur : « Nach 62 Wochen wird es mit der Salbung aus sein »[2], und Hosea spricht vom Ende der Salbung : « Siehe, nun sagen sie : Wir haben keinen König, denn wir fürch-

1 *Os.*, IX, 17 - X, 8. 2 *Dan.*, IX, 26.

teten den Herrn nicht. Was soll uns der König, der fälschlich Lügen redet, der Verträge schliesst und das Recht nicht einlöst, der wie Gras ist, das den Boden bedeckt? »[1] So geht es allen Juden insgesamt. Denn sie haben keinen gesalbten König, der über sie herrscht, denn das Salbhorn Zions ist weg und dahin der König, den Gott erwählt, wie David und Salomo, wie alle * guten Könige. Dahin (* p. 27) ist auch der gesalbte Priester, den Gott erwählt, wie der Hohepriester Aaron, wie alle gesalbten Priester, denn sie verunreinigten sich alle an den Götzenbildern des Satans. Ferner sagt der Prophet Hosea : « Samaria verwarf seinen König wie einen Halm auf die Wasserfläche, — seit Israel auf seinen Hügeln sündigte. »[2] Schau, unseliger Jude, wie das Vaterland seinen König verwarf!

Du aber, o Christenmensch, himmlischer und irdischer Mensch zugleich, der du doch das Fleisch und Blut unseres Heilands, des Nazareners, isst, warum verlässt du denn diese vollkommene Gabe und läufst denen nach, die aus ihrem Vaterland vertrieben sind, zu denen hin, deren Untergang und Verderben kein Ende hat? So sagt Daniel über sie : « Bis ans Ende der Zeit wird es dem Verderben anheimgegeben werden. »[3] Drum wahrlich, wenn es von dir als den dem Verderben Preisgegebenen heisst : « Es wird dem Verderben anheimgegeben werden », so richtet sich deine Preisgabe auf nichts anderes als auf das Verderben, unseliger Jude : Du wirst also dem Verderben anheimgegeben werden bis ans Ende der Welt, ohne Ziel! Früher hattest du eine Frist und ein Ziel, wie Er unserem Vater Abraham eine Frist setzte : « Wisse wohl, dass dein Same wird fremd sein in einem Lande, das ihnen nicht gehört; man wird sie knechten, peinigen und plagen 400 Jahre. Aber jenes Volk, das sie bedrängen will, will ich richten. Danach sollen sie hierher ausziehen mit viel Hab und Gut. Und du sollst hingehen und in einem schönen Alter zu deinen Vätern zurückkehren. Und in der vierten Generation sollen sie wieder hierher zurückkommen. »[4] Siehe, unseliger Jude, wie er dem Abraham ein Ziel und eine Frist gesetzt hat! Dann setzte er auch dem Propheten Jeremia eine Frist, als Israel in das Leid der Gefangenschaft weggeführt wurde, und gab ihm als Frist und Ziel 70 Jahre an[5]. Nun aber, unseliger Jude, nenne mir die Zielsetzung für die Wiederkehr deines Königtums

[1] *Os.*, x, 3. [2] *Os.*, x, 7. [3] *Dan.*, IX, 27. [4] *Gen.*, XV, 13-16. [5] *Jer.*, XXV, 11-12.

und deines Prophetentums! Ausserdem nenne mir die Zeit der Fristsetzung für die Wiederherstellung deines Bundes wie vordem! * p. 28 In wieviel Jahren, * Monaten und Tagen wird dein gesalbtes Königtum und dein gesalbtes Priestertum samt deinem Prophetentum zu dir zurückkehren? Sag' es mir doch an, unseliger Jude, ich beschwöre dich ausdrücklich bei Gott, dem Herrn, der dich geschaffen hat; es gehe ein Wort aus deinem Munde, wenn es dir möglich ist! Und wenn du es nicht kannst, gestehe deine Lüge ein und gib deine Torheit und deinen Untergang zu : bis ans Ende der Welt wird dein Verderben sein! [1]

Höre doch, unseliger Jude, warum verfälschst du denn die Weissagung des Propheten Daniel über den König von Rom : « Nach 62 Wochen wird es mit der Salbung aus sein; Recht wird es bei ihm nicht geben, und er wird die Stadt und den Tempel zerstören usw. »? [2] Du überträgst doch auf Christus, den mit dem Fleisch Marias umkleideten König, was nicht nach dem Sinn der Weissagung Daniels ist! Nach 62 Wochen, — wer ist's, der da mit dem Öl des Königtums gesalbt wurde? Wer sass da auf dem Stuhle Davids? Wer wurde da mit dem Öl des Hohenpriesters Aaron gesalbt? Wurde denn nach der Gefangenschaft das Salböl des alten Bundes wiedergefunden? Sag' es mir, satanischer Jude, voll von Lüge, und zeig' es mir an Hand der Schriften der Propheten! Davon steht nichts im Evangelium und bei den Aposteln. Wir Christen aber sagen : Nach der Gefangenschaft gab es kein Öl des Königtums und kein Öl des Priestertums mehr, denn ungläubige Könige herrschten je nach ihrer Zeit über sie bis auf Christus, den König der Herrlichkeit, den Sohn der reinen Maria. Und nach Christus war es mit dem Recht und der Salbung für immer aus, bis ans Ende der Zeit, wie Daniel in seiner Weissagung kundtat [3]. Sage mir, unseliger Jude, wann hat Christus, der Sohn Davids, wie du behauptest, in irdischer Herrschaft das Öl des Priestertums und Königtums vernichtet? Wann hat er die Stadt und das Heiligtum von alters her zerstört? Wann hat er mit Pferden und Fussvolk, mit Spiessen und viel Truppen Gefangene eingebracht? Und wann hat er grosse Reiche, Länder und Gebiete zur Beute genommen? Du also, unseliger Jude, redest drunter und * p. 29 drüber! Christus aber, * der Sohn der Maria, der Heiland der

[1] *Dan.*, IX, 27. [2] *Ibid.*, 26. [3] *Ibid.*, 26-27.

Welt, ist nicht gekommen, dass man ihm diene, sondern dass er diene; und Christus ist nicht gekommen, dass er gebiete, sondern dass man über ihn gebiete, wie er einst im Evangelium verkündigt hat[1].

Höre, ungehorsamer Jude : als seine Mutter Maria zur ehrwürdigen Davidsstadt ging, um sich auf Befehl des Kaisers zur Steuer aufschreiben zu lassen, und dort ankam, gebar sie den Schöpfer Himmels und der Erde. Nach und nach wurde er älter und mit 30 Jahren von Johannes durch Knechteshand getauft. Von da an zog er aus zu lehren. Und als ihr ihn, unselige Juden, zum König machen wolltet, entwich er auf einen Berg ganz für sich allein[2]. Er wollte euer irdisches Königtum nicht, denn er hasste und verabscheute es sehr. Und als eure Hohenpriester und Schriftgelehrten, Lügner, die sich vor den Augen der Menschen selbst rechtfertigen, den Herrn Jesus in seiner Rede fangen wollten, um ihn vor die Richter und Obersten zu bringen, da fragten sie ihn : « Meister, wir wissen, dass du recht redest und lehrst, achtest nicht der Person und lehrst den Weg Gottes richtig. Ist's nun recht, dass wir dem Kaiser den Schoss geben, oder ist es für uns vielleicht nicht recht? Er aber merkte ihre Schalkheit und sprach zu ihnen : Was versuchet ihr mich? Zeiget mir einen Groschen! Und sie brachten ihn ihm. Da sprach er zu ihnen : Wessen ist sein Bild und seine Aufschrift? Sie antworteten ihm : Des Herrschers, des Kaisers. Er aber sprach zu ihnen : So gebet dem Kaiser, was des Kaisers ist, und Gott, was Gottes ist! »[3] Ferner höre, unseliger Jude, dass der Herr Jesus dem Kaiser-König den Zins gab! Als zu Petrus kamen, die den Zinsgroschen einnehmen, fragten sie Petrus : « Entrichtet euer Meister nicht den Zins und gibt den Groschen? Er antwortete : Doch! Und als dieser heimkehrte, kam ihm Jesus zuvor und sprach zu ihm : Was dünkt dich, Simon? Von wem denn nehmen die Könige der Erde den Zinsgroschen und Abgaben, von ihren Kindern oder von den Fremden? Petrus antwortete ihm : Von den Fremden. Auf die Antwort « Von den Fremden » hin * sprach Jesus zu ihm : Ihre Kinder sind dann * p. 30
also frei? Allein aber, damit sie sich nicht ärgern, gehe hin an das Meer und wirf die Angel hinaus auf das Meer, und den ersten Fisch, den du herausziehst, den nimm und öffne ihm sein

1 *Marc.*, x, 45. 2 *Jo.*, vi, 15. 3 *Luc.*, xx, 21-25.

Maul! Da wirst du eine Statermünze finden; diese nimm und gib ihnen für mich und dich! »[1] Siehe, unseliger Jude, dass der Herr Jesus dem Kaiser-König Schoss gegeben hat.

Der Kaiser aber, der König von Rom, reisst ein und baut auf nach seinem Belieben, er tötet und lässt leben. Er, der König von Rom, hat die Stadt und den Tempel zerstört, und es gibt kein Recht bei ihm. Daniel prophezeit über den König von Rom: « Nach 62 Wochen wird es mit der Salbung aus sein; Recht wird es bei ihm nicht geben, und er wird die Stadt und das Heiligtum zerstören usw. »[2], so weissagt er über den König von Rom. Ihr Verderben aber dauert bis zum Ende der Welt[3]. Doch unser Herr Jesus Christus baute das Haus Davids im heiligen Geiste für die, die an ihn glauben.

Du aber, unseliger Jude, musst gestehen : Bevor wir in die Gefangenschaft weggeführt und unser Königtum und Priestertum geraubt wurden, da haben wir Götzen gedient; und nun ist unser Untergang endgültig. Nachdem wir Maria, unsere Herrin, verworfen und Christus, unseren Gott, gekreuzigt haben, ist unser zweiter Tempel vernichtet, unsere Ehre dahin, und wir sind bei jedem verachtet. Sprich doch zu Christus : « Herr, lehre uns und lass uns an dich glauben! » Da du aber nicht an ihn glaubst, hast du kein Heil im Himmel und auf Erden, dass du Ehre findest, keine Stätte. Denn Gott hat dich zerstreut, und nun bist du ein Irrwanderer. Du stehst ausserhalb aller Ehre und allen Reichtums, der Herrlichkeit Himmels und der Erde. Du bist wie ein weit verbreiteter Nebel. Was bist du, was hast du und was ist nun noch mit dir, da dein Tempel zerstört und dein Königtum zerbrochen ist? Geknechtet haben dich die Babylonier, Römer und Griechen, und jetzt herrschen über dich die gottlosen Mohammedaner. Du aber, christgläubig-evangelischer Christen-
* p. 31 mensch, * warum gibst du dich denn den unseligen Juden hin, dass sie dich verführen? Was lässt sich denn an ihnen mit dir vergleichen, da sie doch von der Gnade Gottes und den Gaben Himmels und der Erde ausgeschlossen sind? Was willst du denn bei ihnen finden, wo sie doch ihren Tempel bei seiner Zerstörung mit ihren eigenen Leichnamen verunreinigten? Denn die Römer durchbohrten die eine Hälfte von ihnen im Allerheiligsten, die anderen erschlugen sich im Heiligen untereinander und verunreinigten ihren Tempel. Preis sei Gott, der sie demütigte und aufrieb! Vernehmet

[1] *Matth.*, XVII, 24-27. [2] *Dan.*, IX, 26. [3] *Ibid.*, 27.

dieses Lehrstück, alles Christenvolk, wie die Juden selbst ihren Untergang und die Zerstörung ihres zweiten Tempels beschrieben haben! So weissagte Daniel über sie, als Gabriel, der Oberste der Engel des Himmels, ihm die Frist setzte : « Nach 62 Wochen wird es mit der Salbung aus sein; Recht wird es bei ihm nicht geben, und er wird die Stadt und das Heiligtum zerstören. Zusammen mit dem Könige, welcher auch immer kommen wird, wird man sie in einer Flut wegspülen, und sie werden so lange streiten und kämpfen, bis es mit ihnen gar aus ist. Die Wochen stehen in vielerlei Satzung fest. Der Altar wird abgerissen werden. Seine Ecksteine wird er für immer zerstören. Eilends wird er zerstören und vielen ihren Bund stärken, eine Woche lang. Und mitten in der Woche wird das Opfer und Speisopfer aufhören. Und er wird ihr Greuel im Heiligtum zerstören. Bis ans Ende der Zeit wird es dem Verderben anheimgegeben werden. »[1] Höre, unseliger Jude, auf wen willst du denn dieses Wort abwälzen, das Daniel über dich geweissagt hat : « Nach 62 Wochen wird es mit der Salbung aus sein; Recht wird es bei ihm nicht geben, und er wird die Stadt und den Tempel zerstören. Zusammen mit dem Könige, welcher auch immer kommen wird, wird man sie in einer Flut wegspülen, und sie werden so lange streiten und kämpfen, bis es mit ihnen gar aus ist »?[2] « Mit der Salbung wird es aus sein »[3] sagt er, denn Augustus, der König von Rom, war nicht gesalbt, und doch war er König über Israel, war ihr Herrscher und regierte über sie. Er setzte unter sich den Herodes ein und nannte ihn König von Galiläa; und der war auch nicht gesalbt. * « Recht wird es bei ihm nicht geben »[4] heisst es von dem Könige von Rom, denn das Recht, der Thron Davids, wird nicht mehr sein, wie im Gesetz geschrieben steht[5]. Er aber, der König von Rom, sandte Statthalter, Richter und Landpfleger. Die machten mit ihnen, was sie wollten, da sie weder die Schriften noch Gott kannten, sondern Göttern dienten. Recht gab es bei ihnen nicht, denn sie waren Heiden. Sie beteten Götter an und brachten dem Satan Opfer dar. Sie kannten das Gesetz und die Propheten nicht. Die Israeliten aber liebten teils den Statthalter, teils liebten sie den Richter, und teils liebten sie den Landpfleger mit Falschheit; deshalb wurden sie auch zerstreut, das Haus der Ungehorsamen, und mit dem Recht Davids und Salomos

* p. 32

[1] *Dan.*, IX, 26-27. [2] *Ibid.* [3] *Ibid.* [4] *Ibid.* [5] II *Par.*, XV, 3.

war es aus. Und das Recht Moses und Aarons war verborgen, als Augustus über die Römer herrschte. Wenn es heisst : « Er wird die Stadt und das Heiligtum zerstören » [1], so hat der König von Rom sie tatsächlich zerstört, denn die Knechte des Königs von Rom erschlugen die Israeliten im Tempel und machten sie in der Stadt und auf den Strassen nieder, bis das Erbe Israels durch die Römer vernichtet war. Einige von ihnen irrwanderten nun in Babylon umher, andere bei den Griechen und Chaldäern, einige im Osten und Westen, Süden und Norden, andere im Nordosten und Südwesten. Alle Israeliten sind Beleidiger der Jungfrau Maria, daher verstreut und unstet. Jetzt mache sie Gott zu Verstreuten und Irrwanderern nach überall hin, von Ewigkeit zu Ewigkeit, Amen und Amen, so sei es, um des Fleisches und Blutes Christi willen, so sei es, so sei es! Wenn Daniel sagt : « Zusammen mit dem Könige, welcher auch immer kommen wird, wird man sie in einer Flut wegspülen, und sie werden so lange streiten und kämpfen, bis es mit ihnen gar aus ist » [2], so heisst das : Zuerst knechteten und beherrschten die Babylonier alle Hebräer, dann unterjochten sie die Griechen, und von da an versklavten sie die Römer. Einmal kam ein Statthalter von den Griechen, ein andermal kam ein Land-
* p. 33 pfleger von der Römern * und rieben sie auf; auch untereinander machten sie sich nieder. Deshalb war es mit den Feinden Marias, dem Hause Israel, den Hebräern, aus. Und jetzt sehet, wie die Mohammedaner sie knechten! Sie haben keinen Tempel innerhalb ihrer Stadt, Rauchopfer zu räuchern und Brandopfer darzubringen, wie Daniel über sie geweissagt hat : « Bis ans Ende der Zeit wird es dem Verderben anheimgegeben werden. » [3] Wahrlich, du musst bis ans Ende der Zeit dem Verderben preisgegeben werden; zerbrochen ist das Priestertum, verschwunden das Königtum. Du hast den Geist der Prophetie nicht mehr, unseliger Jude, der du den Sohn des Herrn Zebaoth gekreuzigt hast! Unreiner bist du als die Monatsbinden der Weiber für den, der dich schändet und zerstreut. Lob sei Gott, dem Vater, auf Erden und im Himmel, Dank dem Sohne, der den Christen königliche Ehre verleiht, Ehre und Kraft dem heiligen Geiste, der alle christlichen Kirchen heiligt und stärkt, von Ewigkeit zu Ewigkeit, Amen und Amen, so sei es, so sei es, um des Fleisches und Blutes Christi willen, so sei es, so sei es!

[1] *Dan.*, IX, 26. [2] *Ibid.* [3] *Ibid.*, 27.

Wir glauben dieses grosse *Buch der Dreieinigkeit* [1], welches « Pforte der Sonne » [2] heisst. Die Pforte der Sonne aber ist Maria, die Mutter des Herrn Christus, den sie empfing und gebar in Jungfräulichkeit des Geistes und Fleisches ohne Makel. O Christenmensch, christ-evangelisch, von den Völkern der Welt auserwählt, beuge dich seiner Geburt im reinen Glauben an die Dreieinigkeit, und kniee vor ihm nieder in aufrichtiger Demut! Erstlich glaube an die Geburt Christi von Gott, dem himmlischen Vater, sodann glaube an seine Geburt aus Maria, zweifältig Jungfrau, der Tochter Judas und Levis.

Freue dich und frohlocke, o Christenmensch, über die Geburt Christi, — die Geburt Christi nämlich, der nach der Frist Henochs und Daniels gekommen ist; denn Gabriel setzte Daniel eine Frist von 7 Wochen * und 62 [3]. Daniel verkündigte uns Christen allen die * p. 34 Geburt Christi, des Morgensterns. Und geboren wurde aus Maria Christus, der Himmlische, das ist also der, der Morgenstern heisst. Du aber, o Christenmensch, freue dich und frohlocke! Du bist nicht wie die Juden, dass du ohne Frist bleibst. Die Juden aber behaupten, je an seinem Morgen und seinem Monat komme in der Frühe der Morgenstern, denn sie haben die Frist Henochs und Daniels versäumt, die sie ihnen verkündigten und festsetzten; sie hörten nicht auf ihre Verheissung und glaubten ihnen nicht. Denn der Prophet Henoch hat eine Frist gesetzt, indem er sprach : « Die 8. Woche wird die der Gerechtigkeit sein; und ihr wird ein Schwert gegeben werden, auf dass Gericht und Gerechtigkeit an den Bedrängern geübt werde und die Sünder in die Hände der Gerechten überantwortet werden. Am Ende derselben werden sie Häuser durch ihre Gerechtigkeit erwerben, und dem grossen König und der Herrlichkeit wird ein Haus gebaut werden in Ewigkeit. » [4] Und Christus ist in der 8. Woche geboren. Daniel hat auch eine Frist gesetzt, indem er so sprach : « 7 Wochen und 62 » [5]. Nach der Frist, die diese Propheten gesetzt haben, ist dir Christus geboren, der Morgenstern, aus Maria, der grosse Hohepriester in der Stadt Davids. Freue dich und frohlocke und springe, o Christenmensch, im Garten des Evangeliums und des Gesetzes! Indessen

[1] Die zweite Version dieses Buches mit den Varianten α und β; siehe Einleitung zum Text, p. V. [2] *Ez.*, XLIV, 1. [3] *Dan.*, IX, 25. [4] *Hen.*, XCI, 12-13. [5] *Dan.*, IX, 25.

soll der Jude wehklagen, der Anbeter des Rēphān[1] und stolze Seher der Sterne.

Ferner freue dich, o Christenmensch, über die Dreieinigkeit : Vater, Sohn und heiligen Geist! Denn die Grundlage des Christentums ist der Glaube an die Dreieinigkeit. So glaube denn an den Vater nach seiner Person, seinem Bilde und seinem Gleichnis, an den Sohn nach seiner Person, seinem Bilde und seinem Gleichnis und an den heiligen Geist nach seiner Person, seinem Bilde und
* p. 35 seinem Gleichnis. * Das Wort aber des Vaters (und des Sohnes) und des heiligen Geistes ist der Sohn. Und dieser spricht seinerseits redend durch sich selbst, wo er will, und heisst daher nicht Zwei- und Dreiwort, sondern Einwort, das ist der Sohn. So lehren uns nämlich die Apostel in ihrem Kanon : « Die Gläubigen sollen diese Schriften halten; und das sind ihre Namen, die wir den Gläubigen anbefehlen. Christus aber von einst und jüngst ist das Buch der Botschaft, das von Gott dem Vater und dem heiligen Geist herabgestiegen ist, das ist der Kanon der 81 Schriften samt dem Buch Synodus; das haben wir Klemens verkündigt; das Frühere spricht vom Späteren, und das Letzte ist die Erfüllung des Ersten. Zeuge hierfür ist : Eins! — Aus einem Wort und einer Rede (schuf) Gott, der Bildner und Schöpfer, durch sein Wort und seinen Geist »[2]. Die Apostel und alle Schriften sagen nicht : « Gott der Schöpfer (schuf) durch seine Worte und Geister », sondern « Eins! — Aus einem Wort und einer Rede (schuf) Gott, der Bildner und Schöpfer, durch sein Wort und seinen Geist »[3]. Es gibt Leute unter den Christen, die behaupten, der Vater existiere mit seinem Wort und seinem Geist, der Sohn existiere mit seinem Wort und seinem Geist und der heilige Geist existiere mit seinem Wort und seinem Geist. Wir aber sagen ihnen : Wer von den drei Worten und den drei Geistern hätte dann wohl alle Kreatur geschaffen? Sage es uns! Wenn du aber nichts zu sagen vermagst, so glaube doch, dass ein Wort, eine Rede und ein Geist ist, und beuge dich der Dreieinigkeit! Wenn der Vater durch sein Wort spricht, meinst du etwa, behaupten zu können, der Sohn und der heilige Geist sprechen nicht? Wenn der Sohn durch sein
* p. 36 Wort spricht, meinst du etwa, * behaupten zu können, der Vater

1 Rhaiphan Ῥαιφάν (*Am.*, v, 26; *Act.*, VII, 43); allgemein auch Bezeichnung für den Satan. 2 Syn. epi.; siehe p. 11, Anmkg. 5. 3 *Ibid.*

und der heilige Geist sprechen nicht? Und wenn der heilige Geist durch sein Wort spricht, meinst du etwa, behaupten zu können, der Vater und der Sohn sprechen nicht? Weiter sagen die Apostel in ihrem Synodus : « Freuet euch, unsere Kinder! Halleluja, das heisst : wir preisen den, der da Gott ist. Gelobt und gepriesen sei er, der die ganze Welt durch ein Wort gegründet hat! » [1] Siehe, o Christenmensch, dass das Wort des Vaters und des heiligen Geistes eins ist, der Sohn selbst aber das Wort des Vaters und das Wort des heiligen Geistes! Der aber das Wort heisst, ist der Sohn, das erste Wort des Vaters, wie Johannes, der Donnersohn, sagt : « Im Anfang war das Wort, und das Wort war bei Gott, und Gott war das Wort; dasselbe war im Anfang bei Gott. Alle Dinge sind durch dasselbe gemacht, und ohne dasselbe ist nichts gemacht, was gemacht ist. In ihm war das Leben, und das Leben war das Licht der Menschen. Und das Licht scheint und leuchtet in der Finsternis, und die Finsternis findet's nicht und nimmt's nicht an ». [2] Siehe, o Christenmensch, wie Johannes, der Donnersohn, sagt : « Alle Dinge sind durch dasselbe gemacht, und ohne dasselbe ist nichts gemacht, was gemacht ist » [3]! Das sagt Johannes über den Vater, der alles durch seinen Sohn Jesus Christus geschaffen hat; und der ist das Wort des Vaters und des heiligen Geistes. Wort des Vaters und Wort des heiligen Geistes heisst er, der Sohn Jesus Christus. Wenn du nun das eine Wort zu dreien machst, dann vollziehst du doch eine Trennung der Dreieinigkeit; und wenn du den einigen Geist zu dreien machst, so richtest du ebenfalls eine Trennung der Dreieinigkeit an. Ferner sagen die Apostel in ihrer Didaskalie : « Versammelt euch in der Kirche des Abends und Morgens! Lobpreiset und psalmodiert * den 62. und dazu den 140. Psalm Davids! Ins- * p. 37
besondere aber am Judensabbat und am Sonntag, dem Sabbat der Christen, dem heiligen Tage seiner Auferstehung, bringet Lobpreis, Dank und Ehre dem Herrn dar, der alles durch seinen Sohn Jesus Christus geschaffen hat! » [4] Schau doch, o Christenmensch, wie Gott Vater durch seinen Sohn und seinen Geist alles geschaffen hat; und nichts hat er geschaffen ausser durch seinen Sohn und seinen Geist, — überhaupt nichts hat er geschaffen ausser durch seinen Sohn und seinen Geist. So sagt David : « Der Himmel ist durchs Wort des Herrn gemacht und all sein Heer durch den

[1] *Syn.*, 37. [2] *Jo.*, I, 1-5. [3] *Ibid.* [4] *Did.*, II, 59.

Geist seines Mundes»[1]. Wenn es heisst : «durchs Wort des Herrn»[2], so ist damit der Vater gemeint, « sein Wort » [3] ist der Sohn und « durch den Geist seines Mundes » [4] das ist der heilige Geist. Sage mir, o Leugner, was das wohl heissen soll : « Der Vater hat durch seinen Sohn und seinen Geist geschaffen »? Wenn du um eine Antwort verlegen bist, so sage ich dir : « Er hat durch seinen Sohn geschaffen » will heissen : « Er hat durch sein Wort geschaffen ». Das Wort des Vaters aber ist sein Sohn Jesus Christus, wie die Genesis sagt : « Am Anfang schuf Gott den Himmel. Und die Erde war von je her, war aber noch nicht sichtbar und fertig. Und Finsternis lag auf der Tiefe. Und der Geist Gottes schattete über dem Wasser. Und Gott sprach : Es werde Licht! Und es ward Licht » [5], usw. Alle die unzähligen Kreaturen schuf Gott, der furchtbare und schreckliche Vater, durch sein einig Wort, das ist sein furchtbarer und schrecklicher Sohn, und durch seinen einigen Geist, das ist der furchtbare und schreckliche heilige Geist. Alle Kreaturen schuf der Vater also durch sein einig Wort und durch seinen einigen Geist, wie die Apostel in ihrem Synodus schreiben : « Das (schuf) Gott, der Bildner und Schöpfer, durch sein einig Wort
* p. 38 und seinen einigen Geist. » [6] * Das Wort also sind nicht drei, und der Geist sind nicht drei. Das Wort aber ist eins, und der Geist ist einer : alles schuf der Vater durch sein einig Wort und seinen einigen Geist. Paulus sagt : « Einen Geist haben wir alle getrunken. » [7]. Wer aber drei Worte und drei Geister lehrt, setzt drei Gottheiten und kann nicht einen Gott und einen Herrn behaupten, denn in einem Wort und einem Geist heisst der Herr Einer und ein Gott. Wir aber beten Gott Vater an und seinen Sohn Jesus Christus, das ist sein Wort, und den heiligen Geist, den Tröster : einen Vater und ein Wort und einen Geist, in gläubiger Verehrung : das ist die Einheit der Dreifaltigkeit!

Höre, o unseliger Stephanit [8], verschlungen im Meer des Unglaubens, der du sprichst : « Ich verehre Maria nicht », ihr behauptet doch drei Worte und drei Geister! Wir aber sagen : Ein Gott Vater und ein Wort, das ist sein Sohn, und ein Geist, das ist der Tröster, daraus besteht das Band der Dreifaltigkeit. Ganz anders

[1] *Ps.*, XXXII, 6. [2] *Ibid.* [3] *Ibid.* [4] *Ibid.* [5] *Gen.*, I, 1-3. [6] Syn. epi.; siehe p. 11, Anmkg. 5. [7] 1 *Cor.*, XII, 13. [8] Siehe Einleitung zum Text, p. V, und K. WENDT, *Die theologischen Auseinandersetzungen*, p. 144 s.

steht es mit den Geschöpfen. Mit den Geschöpfen steht es so : Wenn Gott der Allmächtige 100(00) Menschen nur einen Geist, den Geist des geschaffenen Menschen gäbe, dann wäre eins ihr Wort, eins ihr Herz und einer ihr Sinn; und wenn dieser ihr einiger Geist stürbe, dann würden auch all die 100(00) Menschen sterben, und wenn dieser ihr einiger Geist lebte, dann würden sie alle leben. Wenn dieser ihr einiger Geist betrübt ist, dann wären sie alle betrübt, und wenn dieser ihr einiger Geist froh ist, dann wären sie alle froh. Ich aber bete die Dreieinigkeit an, (Gott), der da wohnt in seiner Himmelshöhe. * * p. 39

Höre, o Christenmensch, wenn du den Vater mit seinem Wort und seinem Geist setzest, den Sohn mit seinem Wort und seinem Geist und den heiligen Geist mit seinem Wort und seinem Geist, zerstörst du die Einheit der Dreifaltigkeit. Du machst sie dann gleich wie die geschaffenen Abraham, Isaak und Jakob. Abraham aber ist geschaffen mit seinem Wort und seinem Geist, Isaak ist geschaffen mit seinem Wort und seinem Geist und Jakob ist geschaffen mit seinem Wort und seinem Geist; und alle Menschenkinder sind ebenso geschaffen. Wenn Abraham spricht, sagt man nicht : « Isaak spricht », wenn Isaak spricht, sagt man nicht : « Jakob spricht », und wenn Jakob spricht, sagt man nicht : « Abraham und Isaak sprechen ». Was Abraham denkt, weiss Isaak nicht, was Isaak denkt, weiss Jakob nicht, und was Jakob denkt, wissen Abraham und Isaak nicht; denn ihr Wort sind drei und ihr Geist sind drei. Deshalb kennt auch Abraham nicht Isaaks Sinn, Isaak kennt nicht Jakobs Sinn, und Jakob kennt nicht Abrahams und Isaaks Sinn; denn ihr Geist ist wie der Geist aller Adamskinder. Ferner vergleichst du sie mit Anania, Azaria und Misael, die den Bauch der Flamme zur Pforte [1] machten. Diese drei Knaben haben auch drei Geister : Anania weiss nicht, was Azaria denkt, und was Azaria denkt, weiss Misael nicht, und was Misael denkt, wissen Anania und Azaria nicht. Wenn ihr Geist hingegen in der Vollmacht Gottes stünde, wäre ihr Herz und ihr Sinn eins. Höre, o Christenmensch, sage nicht, das Wort des Herrn seien drei und der Geist des Herrn * seien drei! Wenn du so sprichst, fällst du aus den * p. 40

[1] Der Bauch der Flamme (*Dan.*, III, 19-23) wurde zur Pforte für Christus, den vierten im Feuerofen, wie später der Leib der Maria für ihn, die Sonne, zum Tor der Welt geworden ist.

Glaubensregeln der Christen und bist ein Kind des Teufels (Satans)! Wir aber glauben an einen Gott Vater, wir glauben an ein Wort, das ist der Sohn als Wort des Vaters und des heiligen Geistes, und wir glauben an einen heiligen Geist, das ist der heilige Geist als Geist des Vaters und des Sohnes. Gott der Sohn ist von Gott dem Vater geboren, und Gott der heilige Geist geht von Gott dem Vater aus, wie uns die Apostel, die geistlichen Tauben, lehren [1]. Du aber, o Christenmensch, glaube an den Vater nach seiner Person, seinem Bilde und seinem Gleichnis, glaube an den Sohn nach seiner Person, seinem Bilde und seinem Gleichnis, und glaube an den heiligen Geist nach seiner Person, seinem Bilde und seinem Gleichnis! Wir beten also an und glauben drei Personen, drei Bilder und drei Gleichnisse. Erkenne, o Christenmensch : der Vater hat nicht unser Fleisch angezogen, und der heilige Geist hat nicht unser Fleisch angezogen, sondern der Sohn hat unser Fleisch angezogen, das er von unserer Herrin Maria angenommen hat. In diesem Fleisch bergen wir uns und stützen uns auf die Dreieinigkeit, auf dass uns unser Gott aus der Hand des Satans, unseres Widersachers, und aus der Hand seiner Kinder, der Zauberer, die seine Knechte sind, errette, von Ewigkeit zu Ewigkeit, Amen und Amen, so sei es, um des Fleisches und Blutes Christi willen, so sei es, so sei es!

III

DIE LESUNG AM 29. YAKKĀTIT

* p. 41 * Im Namen des Vaters und des Sohnes und des heiligen Geistes, eines Gottes in heiliger Dreifaltigkeit, daran ich glaube, dir aber Satan, absage vor dieser meiner Mutter, der Kirche, da mein Bekenntnis Maria Zion ist, Amen.

Dieses Lehrstück wird das *Buch der Weihnacht* genannt, das am 29. Yakkātit (7. III.) verlesen wird, dem Fest der Geburt unseres Herrn und Heilands Jesus Christus, des einigen Sohnes. Es berichtet von seiner ersten Geburt vom Vater vor der Welt und vor allen Kreaturen, vor Jahren und Tagen, Zeiten und Stunden, und von seiner zweiten Geburt aus der heiligen, in Jungfräulichkeit des Geistes

[1] Im ursprünglichen Nicänum, ohne das filioque.

und Leibes an ihrem ganzen Fleische versiegelten Maria. Er wurde empfangen, ohne das Siegel ihrer Jungfrauschaft zu öffnen, in wunderbarer Geburt, wie Hesekiel geschaut und kundgetan hat : « Der Herr sprach zu mir : Dies Tor soll verschlossen bleiben und nicht aufgetan werden, und soll niemand da hindurchgehen; denn der Herr, der Gott Israels, wird da ein- und ausgehen, ohne sein Schloss zu öffnen » [1]. Das Tor aber ist Maria, das Tor der Sonne. Nun höret dies, ihr Völker alle, und horchet auf, alle, die ihr in der Welt seid je nach euren Ländern, ihr Menschenkinder, reich und arm, auf dass ihr die Leugner der Geburt des Sohnes des lebendigen Gottes und des Sohnes der Maria nach dem Fleisch zurechtweisen und mit dem Gesetz und den Propheten beschämen könnt! Die Juden aber sind voll allerlei Lüge und reden drunter und drüber, denn sie sind Kinder des Lügengeistes. Ihr aber, Christenvolk, seid Kinder * des Herrn Zebaoth. Aus euch besteht die einige * p. 42 Braut, das ist die heilige Kirche; sie speist euch von dem Fleisch des Bräutigams, dem Fleische der Gottheit, und tränkt euch von dem Blut des Bräutigams, dem Blute der Gottheit. Mich und euch, uns weise der Herr mit seiner starken Hand und mit seinem erhöhten Arm weg vom Teufel, dem Fallstrick, von Ewigkeit zu Ewigkeit, Amen und Amen, so sei es, so sei es, um des Fleisches und Blutes Christi willen, so sei es, so sei es!

Höre doch, o Jude, bitter ist deine Zunge, unendlich verworren deine Rede und dein Sinn verstört wie von einer dämonischen Zaubererbande! Denn du verkehrst mit ihnen hin und her und hältst mit ihnen in aller Öffentlichkeit. Du sprichst zu ihnen : « Haltet zu mir und meinen Kindern allezeit! » Sie dienen dir unfreiwillig, und du lehrst sie nicht, ihre Zauberei zu lassen und den Herrn der Heerscharen zu verehren. Das Gesetz aber des Mose, der Exodus, sagt dir : « Jeder, der mit Zauberei umgeht und zu einem Vieh geht, ist des Todes schuldig. » [2] « Jeder, der mit Zauberei umgeht » heisst : Jeder, der mit Ṭafant, Guedālē, Dino, Dask, Maqāuzē [3] und mit allerlei Zauberern und dergleichen umgeht, obgleich er weiss, dass darauf der Tod steht, wenn er es tut. Und « Jeder, der zu einem Vieh geht » heisst : Der da liegt und hurt

[1] *Ez.*, XLIV, 2. [2] *Ex.*, XXII, 18-19; *Lev.*, XVIII, 23 und XIX, 31. [3] Heidnische Zauberer und Götzendienste, Dino in Angot und Dask in Shoa. Ṭafant heisst auch Ṭafānit, Maqāuzē auch Maqāuzay; siehe K. WENDT, *Das Maṣḥafa Berhān und Maṣḥafa Milād*, p. 161.

mit einem Vieh. « Wer den Göttern opfert und nicht dem Herrn allein, der sei verbannt. »[1] Du aber, o Jude, warum hältst du es mit Ṭafant und allerlei Wahrsagern, mit den Zauberpriestern und Zauberpriesterinnen und sprichst zu ihnen : « Haltet zu mir und gebt mir meinen Zins », behauptest aber dennoch : « Ich stehe auf dem Boden des Gesetzes »? Im Gesetz ist doch über dich der Tod verhängt, wenn du es mit den Zauberern und Zauberinnen hältst! Ausserdem heisst es im Deuteronomium : « Wenn ein Prophet oder Träumer unter euch wird aufstehen und tut Zeichen oder Wunder, und seine Zeichen oder Wunder kommen, von denen er dir sagt, * p. 43 und er spricht : Auf, lasst uns gehen und anderen * Göttern dienen, die ihr nicht kennt, so sollt ihr nicht gehorchen den Worten solches Propheten oder solchen Träumers; denn der Herr, euer Gott, versucht euch, dass er erfahre, ob ihr den Herrn, euern Gott, von ganzem Herzen und von ganzer Seele liebhabt. Denn ihr sollt dem Herrn, euerm Gott, folgen und ihn fürchten, seine Gebote halten, seiner Stimme gehorchen und euch bei ihm bergen. Jener Prophet oder Träumer soll sterben, darum, dass er dich von dem Herrn, deinem Gott, der dich aus Ägyptenland geführt und dich aus dem Diensthause erlöst hat, abzufallen gelehrt hat und dich von dem Wege verführen wollte, den der Herr, dein Gott, geboten hat, darinnen zu wandeln, auf dass du das Böse von euch tust und ausrottest. Wenn dich dein Bruder, deines Vaters oder deiner Mutter Sohn, oder dein Sohn, oder deine Tochter, oder dein Weib auf deinem Schoss, oder dein Freund, der dir ist wie dein Herz, heimlich überreden würde und sagen : Auf, lasst uns gehen und anderen Göttern dienen, die du nicht kennst noch deine Väter, von den Göttern der Völker, die um euch her sind, sie seien euch nahe oder ferne, von einem Ende der Erde bis an das andere, so halte es nicht mit ihm und gehorche ihm nicht. Auch soll dein Auge seiner nicht schonen und sollst dich seiner nicht erbarmen. Zeige ihn an, und verklage ihn! Deine Hände sollen die ersten über ihm sein, dass man ihn töte, und danach die Hände des ganzen Volkes, ihn zu steinigen und zu töten, denn er hat dich verführen wollen von dem Herrn, deinem Gott, der dich aus Ägyptenland, aus dem Diensthause geführt hat, auf dass ganz Israel höre und sich fürchte und man nicht mehr solch Übel vornehme unter euch. Wenn du hörst in einer von deinen

[1] *Ex.*, XXII, 20.

Städten, die dir der Herr, dein Gott, gegeben hat, darinnen zu wohnen, dass man sagt : Es sind sündige Männer von uns ausgegangen und haben alle, die in ihren Städten wohnen, zum Abfall bewogen und zu ihnen gesagt : Auf, lasst uns gehen und anderen Göttern dienen, die ihr nicht kennt, so sollst du fleissig suchen und forschen. Und wenn * das Gerede wahr und klar erwiesen ist, dass der Greuel * p. 44 unter euch geschehen ist, so sollt ihr alle, die in dieser Stadt wohnen, mit dem Schwert töten und sie verbannen mit allem, was darin ist. Alle ihre Habe sollst du auf ihren Gassen sammeln und ihre Stadt mit Feuer verbrennen samt aller ihrer Habe. Und jeder solcher Stadt sollst du ebenso tun vor dem Herrn, deinem Gott, niemand soll darin bleiben in Ewigkeit, und sie soll nie wieder aufgebaut werden. Und lass nichts von dem Bann darin an deiner Hand hangen, auf dass der Herr seinen Zorn wende und dir Barmherzigkeit gebe, sich deiner erbarme und dich mehre, wie Gott deinen Vätern geschworen hat. »[1]

Warum leugnest du denn, o Jude, seine Geburt von Gott dem Vater und seine zweite Geburt nach der Frist des Henoch und Daniel aus Maria, zweifältig Jungfrau, der Taube des Predigers?[2] Du kannst keinen einzigen Einwand inmitten der Konzilsgemeinde erheben. Denn uns, den Christen, haben die Propheten des Alten Testaments eine Frist gesetzt, Esra Sutiel, Beltsazar Daniel und Henoch, der im Sturmwind auffuhr, der den Sohn der Jungfrau sah. Höre, o Jude, Esra hat uns folgende Frist gesetzt : Erst nach 5000 Jahren des Gerichts geschah es, dass er die Schriften des Herrn, die Rechts- und Gesetzesschriften aufschreiben liess, wie der Prophet Esra selbst in seinem schönen Prophetenbuch sagt : « Im 4. Jahre von den Jahrwochen, nach 5000 Jahren des Gerichts, am 10. Tage des abnehmenden Mondes, dem 3. Monat und dem 12. Tage, — an diesem Tage nahm man Esra hinweg und schickte ihn an die Stätte seiner Genossen, nachdem er alles das geschrieben. Und er wurde Schreiber der Weisheit des Höchsten genannt. »[3] Ich will ihn also preisen : Wahrlich, er ist wahrhaftig der Schreiber der Weisheit des Höchsten, der mit seinem Buch den verlorenen Juden und alle Leugner des Evangeliums beschämt und in seinem Buche dem Christenvolk eine Stütze der Kraft gibt; er krönt den Christen * mit der Krone der Barmherzigkeit und erbaut ihre Herzen auf * p. 45

1 *Deut.*, XIII, 1-17. 2 *Cant.*, VI, 9. 3 IV *Esd.*, XIV, 48-49.

dem Felsen, der nicht wankt. Der Fels aber ist Christus, der Sohn Gottes und der Sohn der Jungfrau Maria, wie der Apostel Paulus sagt : « Ich will euch wissen lassen, dass die Wolke alle unsere Väter überschattet hat, und sind alle durchs Meer gegangen; und Mose hat alle in der Wolke und dem Meer getauft. Alle sind mit der Speise des heiligen Geistes gespeist worden, und alle haben den heiligen Geist getrunken. Sie tranken aber von dem Fels, der ihnen folgte, der Fels aber war Christus. »[1] Als Mose 40 Tage und 40 Nächte gefastet hatte, empfing er aus der Hand des lebendigen Gottes das Gesetz und wurde in den geheimen Mysterien der Stiftshütte unterwiesen. Auch Esra fastete 40 Tage und 40 Nächte, nachdem er das Wasser der Erkenntnis getrunken hatte, dessen Farbe wie Feuer war. So sagt Esra selbst in seinem Buche : « Ich antwortete ihm und sprach : Ich will nun vor dir reden, o Herr! Siehe, ich gehe doch, wie du mir befohlen hast, das Volk, alle, die jetzt leben, zu lehren. Wer aber wird dann diejenigen lehren, die noch geboren werden? Denn in Finsternis liegt die Welt, und die in ihr wohnen, haben kein Licht, weil dein Gesetz verbrannt ist, und da ist niemand, der weiss, was du getan hast und noch tun willst. Wenn ich Gnade vor dir gefunden habe, dann sende deinen heiligen Geist auf mich, dass ich alles aufschreibe, wie es in der Welt von Anfang an war, und alles, was in deinem Gesetz geschrieben steht, damit der Mensch, der da leben will, den Weg des Lebens finden kann. Und er antwortete mir und sprach : Gehe hin, versammle mein Volk und sag' ihnen, dass sie dich 40 Tage lang nicht suchen sollen. Bereite dir viele Tafeln zu und nimm mit dir Sarea, Dabria, Selemia, Echanan und Asiel, diese fünf, denn sie sind des Schreibens kundig. Dann kommst du hierher, und ich werde das Licht der Weisheit in deinem Herzen entzünden; das wird nicht verlöschen, bis du alles vollendest, was du zu schreiben hast. Da
* p. 46 nahm ich diese fünf Männer, wie mir Gott befohlen, * und wir gingen in die Wüste und blieben dort. Am nächsten Tage kam eine Stimme, die rief mich an und sprach zu mir : Esra, tue deinen Mund auf und trinke, was ich dir zu trinken gebe! Da öffnete ich meinen Mund, und er reichte mir einen Becher voll Wasser, dessen Farbe der des Feuers glich. Ich nahm und trank. Als ich getrunken hatte, stiess mein Herz Weisheit und Rat hervor, und auf meiner

[1] 1 *Cor.*, x, 1-4.

Brust lag die Einsicht schwer. Da merkte mein Geist auf, dachte nach und öffnete meinen Mund, der sich nun nimmermehr schloss. Der Höchste gab auch den fünf Männern Weisheit; die schrieben alles in Zeichen, die sie nicht kannten, der Reihenfolge nach auf und blieben dort 40 Tage. Am Tage schrieben sie, und am Abend assen sie. Ich aber redete des Tages, und auch des Nachts schwieg ich nicht; so wurden in jenen 40 Tagen die 94 Bücher niedergeschrieben. »[1] Höre doch, Judenmensch und all ihr Leugner, die ihr das Gesetz und die Propheten leugnet! Höre, o Jude, welches Wasser der Erkenntnis, dessen Farbe der des Feuers gleicht, hast du denn getrunken wie Esra? Wann hast du denn 40 Tage und 40 Nächte gefastet wie Esra? Und wann bist du denn Schreiber der Weisheit des Höchsten genannt worden wie Esra?

Unter euch Juden aber gibt es welche, die leben wie Eidechsen zwischen den Felsen, andere, die leben zwischen den Bergen, Hügeln und Bichln, flüchtig, vertrieben aus eurem Vaterlande. Ihr aber, die ihr noch in Jerusalem, eurem Vaterlande, seid, werdet den Tempel nicht mehr aufbauen und nicht mehr opfern, keine Rauchopfer darbringen und keine Brandopfer anzünden, wie der Herr euren Vätern verordnet hat. Der Höchste hat alles Gute von euch abgewendet, denn ihr verehrtet erst Götzen und glaubtet dann auch nicht an die Geburt Christi aus Maria nach der Frist Henochs und Daniels, an den, der da gekommen und zur Menschwerdung gesalbt worden ist. Ihr behauptet zwar : wir leben nach dem Gesetz der Thora wie Mose, der Erbauer der gnadenvollen Stiftshütte, und Aaron, der Hohepriester; doch versteckt und vergrabt ihr das Gesetz und die Propheten, * auf dass sie nicht die Ankunft des * p. 47
Sohnes Gottes im reinen Fleisch verkündigen. Einiges versteckt ihr von dem Wort des Gesetzes, damit die Ankunft des Sohnes des lebendigen Gottes und der Maria nach dem Fleisch nicht offenkundig werde. Anderes verbergt ihr auch von dem Psalter Davids und streicht aus dem Text heraus, was David über Christus weissagte : « Der Herr sprach zu meinem Herrn usw. »[2] Auch aus der Weisheit und den Sprüchen Salomos streicht, vergrabt und verbergt ihr solche Stellen, damit sie niemand sehe und an den Sohn Gottes glaube. Sogar aus dem Buche des wortgewaltigen Propheten Jesaja streicht ihr sie heraus, damit niemand an den Sohn des

[1] IV *Esd.*, XIV, 18-44. [2] *Ps.*, CIX, 1.

lebendigen Gottes und der Maria nach dem Fleisch glaube. Und aus allen Prophetenbüchern tut ihr sie ebenfalls heraus, streicht und vergrabt sie, auf dass sie nicht die Ankunft des Sohnes des lebendigen Gottes und der Maria nach dem Fleisch verkündigen. Aber damit begnügtet ihr euch nicht, sondern kamt dann sogar noch überein, den Propheten Esra, genannt Sutiel, mit eurer Deutung, wie Esra zählt, zu leugnen. Wir zählen gar nicht die Jahre der Welt, sondern halten für besser, was das Buch Esra ausdrücklich sagt : « Nach 5000 Jahren des Gerichts, — an diesem Tage nahm man Esra hinweg. »[1] Ihr aber behauptet leugnerisch, von Adam bis Esra seien 3000 und 5000 Jahre. Höre, o Jude, wie kannst du es wagen, eine solche haltlose und törichte Behauptung aufzustellen? Der Prophet Esra, genannt Sutiel, der der Schreiber der Weisheit des Höchsten hiess, der das feuerfarbengleiche Wasser der Erkenntnis trank, dessen Herz Weisheit und Rat hervorstiess, und auf dessen Brust die Einsicht schwer lag, diktierte die 94 Schriften des Herrn, während er weder Wasser trank noch Speise ass, fastend 40 Tage und 40 Nächte. Des Tags redete er, und auch des Nachts schwieg er nicht, indem er dauernd fastete und nicht eine Stunde schlief. Er schlief nicht des Nachts und ruhte auch des Tages nicht; und er liess alle Bücher aufschreiben, die verbrannt
* p. 48 waren, das Gesetz, die Jubiläen, die Könige und alle * Schriften der Propheten, die heiligen Bücher. Dieser Esra aber, der Schreiber der Weisheit des Höchsten genannt wurde, ist jener Esra, der das Mysterium des Gesetzes kannte. Er wusste nämlich die Zahl seiner Jahre, die Zahl seiner Monate samt seinen Tagen. Er wusste auch die Deutung der Worte des Gesetzes, vom Jubiläenbuch die Zahl seiner Jubiläenjahre, vom Buch der Könige die Zahl der Jahre seiner Könige. Vom Buch des Gesetzes, der Jubiläen, der Könige und allen Schriften der Propheten wusste jener Prophet Esra, der der Schreiber der Weisheit des Höchsten hiess, der sie diktierte und aufschreiben liess und alle ihre Mysterien kannte, die Zahl ihrer Jahre samt ihren Wochen; er wusste auch jeweils die Deutung ihrer Worte. Höre, o Jude, woher kennst du denn die Zahl der Jahre des Gesetzes, der Jubiläen, der Könige und die Zahl der Jahre der Propheten, wie Esra, genannt Sutiel, der der Schreiber der Weisheit des Höchsten hiess? Du, o Jude, weisst es doch nicht

[1] IV *Esd.*, XIV, 48-49.

besser, als es die Christen wissen, die von Gott geboren sind und zwei Geburten erleben, die erste durch den Beischlaf von Mann und Weib und die zweite aus Wasser und dem heiligen Geist aus dem Schoss der heiligen Taufe, die das Gesetz und die Propheten, das Evangelium und die Apostel lieben, und die wir den Wohlgeruch des Fleisches Christi, des Hohenpriesters, haben! Wir sterblichen Menschen alle haben nicht das Wissen, wie es die Propheten und Apostel haben, deshalb lasst uns vielmehr zu ihnen beten, dass sie uns den Weg des Lebens zeigen und zu ihrer Erkenntnis des rechten Glaubens führen. Ferner lasst uns zu Gott flehen, dem Enthüller der Geheimnisse, wie uns die Apostel lehren : « So jemand Weisheit mangelt, der flehe zu Gott, dem Geber, der da gibt einfältig jedermann und rücket's niemand auf, so wird sie ihm gegeben werden »[1], von Ewigkeit zu Ewigkeit, Amen und Amen, so sei es, * so sei es! Höre, o Jude, erkenne und wisse! Wir Christen * p. 49 sagen : Von Adam bis zur Entrückung Esras waren 5000 Jahre, und danach blieben 2000 Jahre.

Ferner höre, o Jude, eine erregende Sache, die dein Herz erschüttern und deinen Geist bestürzen wird, nicht etwa von uns, sondern von dem Propheten Daniel, genannt Beltsazar, der den Löwen das Maul schloss, mit denen er zusammen in ihrer Grube weilte, die zwei Menschen und zwei Schafe zu fressen pflegten, und deren Pfoten und Fell mit Menschenblut befleckt war! Höre, o Jude, jenen Propheten Daniel, der den Löwen das Maul schloss, auf seine Weissagung, wie der Prophet Daniel die Frist laut ausrief, wie sie ihm Gabriel, der Frohbote der Freude, setzte! Du aber, o Judenmensch, wenn du die Weissagung Daniels gehört hast, dann wirst du doch deinen Mund halten! Einst hat Daniel den Löwen von Babylon das Maul geschlossen. Nun aber, wenn du diese erhabene und erregende Weissagung Daniels hörst, wirst auch du deinen Mund halten; denn du würdest sonst doch nur drunter und drüber reden, lauter bitteres, laues und falsches Zeug, fernes und nahes, kaltes und warmes, wenn du die klare, tiefe und deutliche Weissagung Daniels hörst : « Als ich noch so redete und betete, meine und meines Volkes Israel Sünde bekannte und dem Herrn, meinem Gott, meine Sorge um seinen Tempel und den Berg des Heiligtums meines Gottes vorwarf, eben da ich so redete in meinem Gebet, kam der

[1] *Jac.*, I, 5.

Mann Gabriel, den ich zuvor gesehen hatte, dahergeflogen und rührte mich an um die Zeit des Abendopfers, unterrichtete mich und redete mit mir. Da sprach Gabriel zu mir : Jetzt bin ich gekommen, dich Weisheit zu lehren. Da du anfingst zu beten, ging das Wort aus, und ich bin gekommen, dich zu lehren und dir anzuzeigen, dass du ein Mann des Wohlgefallens bist. So merke denn auf deine Sache und nimm zu Herzen, was du gesehen hast! 70 Wochen sind bestimmt über dein Volk und über deine heilige Stadt, da soll die Sünde abgetan, die Missetat besiegelt, das Unrecht
* p. 50 getilgt und die Schuld gesühnt werden, * denn da soll die ewige Gerechtigkeit kommen, das Gesicht der Propheten versiegelt und ein Hochheiliges gesalbt werden. So wisse nun und merke : Vom Ausgang seines Wortes, dass Jerusalem soll wiederum gebaut werden, bis auf Christkönig sind 7 Wochen und 62; da wird er wieder Markt und Mauer aufbauen, und die Tage werden verfliessen. Nach 62 Wochen wird es mit der Salbung aus sein. Recht wird es bei ihm nicht geben, und er wird die Stadt und das Heiligtum zerstören. Zusammen mit dem Könige, welcher auch immer kommen wird, wird man sie in einer Flut wegspülen, und sie werden so lange streiten und kämpfen, bis es mit ihnen gar aus ist. Die Wochen stehen in vielerlei Satzung fest. Der Altar wird abgerissen werden. Seine Ecksteine wird er für immer zerstören. Eilends wird er zerstören und vielen ihren Bund stärken, eine Woche lang. Und mitten in der Woche wird das Opfer und Speisopfer aufhören. Und er wird ihr Greuel im Heiligtum zerstören. Bis ans Ende der Zeit wird es dem Verderben anheimgegeben werden. »[1] Höre doch, o Judenmensch, hast du nun gehört, wie Gabriel dem Propheten Daniel die Frist setzte? «(70) Wochen sind bestimmt über dein Volk und über deine heilige Stadt, da soll die Sünde abgetan, die Missetat besiegelt, das Unrecht getilgt und die Schuld gesühnt werden, denn da soll die ewige Gerechtigkeit kommen, das Gesicht der Propheten versiegelt und ein Hochheiliges gesalbt werden. So wisse nun und merke : Vom Ausgang seines Wortes, dass Jerusalem soll wiederum gebaut werden, bis auf Christkönig sind 7 Wochen und 62. »[2] So höre denn, o Jude, diese Zahl, die Gabriel damals dem Propheten Daniel zur Frist gesetzt hat : 483 Jahre! Ferner höre, o Jude, du darfst diese Weissagung des Propheten Daniel

[1] *Dan.*, IX, 20-27. [2] *Ibid.*

nun nicht auf die vergangenen Jahre anrechnen, aber auch nicht auf die kommenden Jahre übertragen! Er ist doch der Prophet Daniel, der den Löwen das Maul gestopft hat. Und nun hat er dir den Mund gestopft, Jude, wie der Prophet spricht : « Aller Bosheit wird ihr Mund gestopft werden. »[1] Wer ist weise? Der den erkennt, der in Wahrheit weise ist. Und wissend? Der glaubt, dass der Sohn Gottes gekommen ist und im Leib der Maria, zweifältig Jungfrau, * Wohnung genommen hat, wie der Erzengel Gabriel seine * p. 51
Frist an Wochentagen dem Propheten Daniel gesetzt hat. Du aber, o Judenmensch, halte deinen Mund mit deinen beiden Händen! Wenn nicht, so rede nach deiner Gewohnheit drunter und drüber, jedoch die Ankunft Christi, für wann sie Gabriel dem Daniel zur Frist gesetzt hat, kannst du nicht erschüttern. Höre, o Jude, die Jahre seiner Frist hat Gabriel dem Daniel verkündigt und festgesetzt! Was in den Tagen Christi alles an Gnadengaben sein wird, hat Gabriel dem Daniel zu verstehen gegeben, indem er zuvor sprach : « Die Sünde soll abgetan, die Missetat besiegelt, das Unrecht getilgt und die Schuld gesühnt werden, denn da soll die ewige Gerechtigkeit kommen und das Gesicht der Propheten versiegelt werden. »[2] Wahrlich, versiegelt ist das Gesicht der Propheten durch die Ankunft des Sohnes des lebendigen Gottes und der Maria nach dem Fleisch; denn er hat die Welt erleuchtet. Wahrlich, versiegelt ist das Gesicht aller Propheten und erfüllt, und damit schweigt die Verkündigung jeglicher prophetischer Weissagung; denn Christus, der Morgenstern, ist nach der Frist Henochs und Daniels gekommen und aus Maria Mensch geworden. Von da an ist die Verkündigung der prophetischen Weissagung zuende.

Siehe, o Christenmensch, freue dich, denn dein Glaube an Christus ist stark und fest! Nachdem Christus, unser Gott, nach der Frist Henochs und Daniels gekommen ist, gibt es unter den Menschenkindern keinen Propheten des heiligen Geistes, der da aufsteht und sagt, er würde wiederkommen, zu erkaufen und zu erlösen, zu begnaden und zu befreien; denn alle Propheten des Geistes sind mit Weissagen zuende und schweigen. « Es soll ein Hochheiliges gesalbt werden »[3] sagt der Prophet Daniel. Das Hochheilige aber ist Christus. « Er soll gesalbt werden »[4] heisst indessen : Er soll das Fleisch der Maria anziehen. Höre, o Jude, wer sollte

1 *Ps.*, CVI, 42. 2 *Dan.*, IX, 24. 3 *Ibid.* 4 *Ibid.*

das Hochheilige wohl anderes sein als der Sohn Gottes? Denn etwas Geschaffenes nennt man nicht hochheilig. Das Hochheilige aber ist Christus, der Sohn der Maria, der heiliger ist als die himmlischen Wächter und irdischen Geistträger. Ihn loben, preisen und ihm dan-
* p. 52 ken mit * seinem Vater und seinem heiligen Geiste alle Geschöpfe, von Ewigkeit zu Ewigkeit, Amen und Amen, so sei es!

Nun höret, ihr Juden allesamt, da ihr keinen Ausweg habt, weder recht aus noch ein könnt, weder sitzen noch stehen, darum dass ihr allerlei Schmach auf euch geladen und Lüge für eure Nachkommen zum Fluch erworben habt, ihr seid doch mit der Axt des Gesetzes und der Propheten und mit dem Schwert des Evangeliums und der Apostel geschlagen! Ihr aber, o Juden allesamt, hasst und bestreitet sie, indem ihr behauptet, die Zahl der Jahre im Gesetz habe nichts mit der Zahl im Jubiläenbuch zu tun und die des Jubiläenbuches nichts mit den Jahren des Gesetzes, und die Jahre der Könige hätten nichts mit den Jahren Esras, des Deuters der Geheimnisse, zu tun. Das alles tut ihr doch nur, um die Schriften des Rechts und des Gesetzes zu zerstreuen, wie grimmige Wölfe mit Fälschung und Lüge unter sie zu treten und dadurch die Schafe, Männer und Frauen, zu zerstreuen, auf dass ihr sie einzeln verführt und in die Höhle der Finsternis hinab bringt. Hütet euch jedoch vor den starken Hirten, den Kennern aller Schriften, die sie bewachen! Uns aber weide allein der Herr Zebaoth, alles Volk des Evangeliums, Christen und Christinnen, von Ewigkeit zu Ewigkeit, Amen und Amen, so sei es, um seines Fleisches und Blutes willen, so sei es, so sei es! (folgt das *Buch der Dreieinigkeit*, Variante a).

IV

DIE LESUNG AM 29. MAGGĀBIT

* p. 53 * Im Namen des Vaters und des Sohnes und des heiligen Geistes, eines Gottes in heiliger Dreifaltigkeit, daran ich glaube und darin ich mich berge, dir aber, Satan, absage vor dieser meiner Mutter, der Kirche, da mein Bekenntnis Maria Zion ist, Amen.

Dieses Lehrstück wird das *Buch der Weihnacht* genannt, das am 29. Maggābit (6. IV.) verlesen wird, dem Fest der Geburt unseres Herrn Jesus Christus, des einigen Sohnes. Es berichtet von seiner ersten Geburt vom Vater vor der Welt und von seiner zweiten Geburt aus der Jungfrau Maria, der nach der Frist Henochs und Daniels gekommen ist, um das Wort der Propheten zu erfüllen. Siehe, unser Heiland Immanuel ist gekommen!

Höre, o Jude, von dem Propheten Henoch, der im Sturmwind aufgefahren ist, ohne wie ein Mensch die Bitternis des Todes zu schmecken; er ist im Garten Eden verborgen, nachdem er als erster von allen Propheten geweissagt hat. Er hat uns Christen die Ankunft Christi, des Sohnes Gottes, des Erfüllers des Gesetzes und der Propheten, seine Geburt in wahrer Menschwerdung aus Maria für die 8. Woche also festgesetzt : « Danach wird die 8. Woche die der Gerechtigkeit sein; und ihr wird ein Schwert gegeben werden, auf dass Recht und Gerechtigkeit an den Bedrängern geübt werde und die Sünder in die Hände der Gerechten überantwortet werden. Am Ende derselben werden sie Häuser durch ihre Gerechtigkeit erwerben, und dem grossen König und der Herrlichkeit wird ein Haus gebaut werden in Ewigkeit. » [1] Das ist also die Zeit Christi, da uns Christen nach Henoch ein neues Schwert gegeben und das Haus der Herrlichkeit gebaut worden ist, das Haus des Evangeliums. Auf den jüdischen Tempel geht er nicht ein und schaut ihn nicht, sondern wendet sich von ihm ab.

Höre, o Christenmensch, und verachte nicht die Zahl (der Wochen)! Achte genau darauf, damit sich der Jude nicht über dich erhebe, dass du die Wochen des Henoch von je 700 Jahren, * (* p. 54) das (sind) 7000 Jahre, hältst, wie jener Henoch gesagt hat : « Danach wird in der 10. Woche, im 7. Teile, das ewige Gericht stattfinden. » [2] Und wenn der Jude dich fragt, wer für uns so gezählt hat, so antworte du ihm als Christ : Henoch lehrt uns : « Im 7. Teil wird das ewige Gericht stattfinden. » [3] Siehe, o Christenmensch, im 7. Teil wird also das ewige Gericht stattfinden! Und wenn er dir sagt « Im 7. Teil » [4], so meint er damit eben den 7. Teil. Damit erkenne, dass Henoch 7 Teile geteilt und uns hat wissen lassen : « Im 7. Teil wird das ewige Gericht stattfinden. » [5]

Höre, o Christ, freue dich und frohlocke, denn dir ist ein Haus gebaut worden, das Haus der Herrlichkeit, und das Schwert der Gottheit ist dir gegeben, wie Henoch am Ausgang seiner Weissagung sagt : « Dem grossen König und der Herrlichkeit wird ein

[1] *Hen.*, XCI, 12-13. [2] *Ibid.*, 15. [3] *Ibid.* [4] *Ibid.* [5] *Ibid.*

Haus gebaut werden in Ewigkeit. »[1] Mit diesem Hause ist die heilige Kirche gemeint, die zwei Brüste hat. Ihre Brüste aber sind das Gesetz und die Propheten, sowie das Evangelium und die Apostel. Wenn er sagt « Dem grossen König wird ein Haus gebaut werden »[2], so ist mit dem grossen König Christus, der Sohn Gottes, der König der Herrlichkeit, und der Sohn der seligen, in zweifältiger Jungfräulichkeit an ihrem ganzen Fleische versiegelten Maria gemeint. Und wenn er sagt : « Und der Herrlichkeit in Ewigkeit »[3], wahrlich, so lobsingen darin[4] die Patriarchen, Metropoliten, Bischöfe, alle erlauchten christlichen Könige und die Gemeinde aller Christen, Männer und Frauen, den Lobgesang der Engel : « Ehre sei Gott in der Höhe und Friede auf Erden, sein Wohlgefallen den Menschen! »[5]; darin essen sie auch das Fleisch des himmlischen Bräutigams und trinken darin das Blut der göttlichen Gottheit.

Höre, o Christ, Henoch begnügt sich aber mit dem Zählen der Jahrwochen nicht, sondern berichtet ferner, wie er den Sohn Gottes und den Sohn der Jungfrau Maria gesehen hat : « Ich sah dort den, der ein betagtes Haupt hat, und sein Haupt war weiss wie
* p. 55 Wolle; und bei ihm war * ein anderer, dessen Antlitz wie das eines Menschen anzusehen war, und sein Angesicht war voll Anmut wie eines von den heiligen Engeln. Ich fragte den einen von den Engeln, der mit mir ging und mir alle Geheimnisse zeigte, nach jenem Menschensohn, wer er sei, woher er stamme und weshalb er mit dem betagten Haupte gehe. Er gab mir zu Antwort : Dies ist des Menschen Sohn, der die Gerechtigkeit hat, bei dem die Gerechtigkeit wohnt und der alle Schätze des Verborgenen offenbart; denn der Herr der Geister hat ihn auserwählt, und sein Los hat vor dem Herrn der Geister (alles) durch Rechtschaffenheit in Ewigkeit übertroffen. »[6] « Sein Los hat (alles) übertroffen » sagt er dir von dem Fleische Adams, das der Heiland der Welt von unserer Herrin Maria angezogen hat. « Dieser Menschensohn, den du gesehen hast, wird die Könige und die Mächtigen von ihren Lagern und die Starken von ihren Thronen sich erheben machen; er wird die Zügel der Starken lösen und die Zähne der Sünder zermalmen. Er wird die Könige von ihren Thronen und von ihren Reichen verstossen, weil sie ihn nicht erheben; sie haben ihn nicht gepriesen noch dankbar anerkannt, woher ihnen das Königtum verliehen ward.

[1] *Hen.*, XCI, 13. [2] *Ibid.* [3] *Ibid.* [4] In der Kirche. [5] *Luc.*, II, 14.
[6] *Hen.*, XLVI, 1 3.

Er wird das Angesicht der Starken verstossen und sie mit Scham erfüllen. Finsternis wird ihre Wohnung und Gewürm ihre Lagerstatt sein. Sie dürfen nicht hoffen, dass sie sich von ihren Lagerstätten erheben werden, weil sie den Namen des Herrn der Geister nicht erheben. Das sind jene, die die Sterne des Himmels richten und ihre Hände gegen den Höchsten erheben, die Erde niedertreten und auf ihr wohnen, alle, deren Tun in Ungerechtigkeit und deren Macht auf ihrem Reichtum steht, deren Glaube sich Göttern zuwendet, die sie mit ihren Händen gemacht haben, während sie den Namen des Herrn der Geister verleugnen. Sie werden aus den Häusern seiner Versammlungen und der Gläubigen vertrieben werden, die da hängen am Namen des Herrn der Geister. In jenen Tagen wird das Gebet und Blut der Gerechten von der Erde vor dem Herrn der Geister aufsteigen. Alsdann werden alle Heiligen, die oben in den Himmeln wohnen, einstimmig bitten und beten, loben, * danken und preisen den Namen des Herrn der Geister * p. 56 wegen des Blutes der Gerechten, das vergossen worden ist, und um des Gebetes der Gerechten willen, dass es vor dem Herrn der Geister nicht vergeblich sein möge, dass das Gericht an ihnen vollzogen und der Vollzug für sie nicht ewig dauere. In jenen Tagen sah ich, wie sich der Betagte auf den Thron seiner Herrlichkeit setzte und die Bücher der Lebendigen vor ihm aufgeschlagen wurden, während alle, die in den Himmeln droben und um ihn herum sind, vor ihm standen. Da waren die Herzen der Heiligen voller Freude, weil die Zahl des Gerechten nahte und das Gebet der Gerechten erhört war, sie selbst aber vor dem Herrn der Geister gerecht waren. An jenem Ort sah ich den Brunnen der Gerechtigkeit, der unerschöpflich ist. Rings umgaben ihn viele Brunnen der Weisheit. Alle Durstigen tranken daraus und wurden mit Weisheit erfüllt »[1], das ist der heilige Geist, « und ihre Wohnungen waren bei den Gerechten, Heiligen und Auserwählten. Zu jener Stunde wurde jener Menschensohn bei dem Herrn der Geister und sein Name vor dem Betagten genannt. Bevor die Sonne und die Zeichen geschaffen und bevor die Sterne des Himmels gemacht wurden, ward sein Name vor dem Herrn der Geister genannt. Er wird ein Stab für die Gerechten sein, dass sie sich darauf stützen und nicht fallen; er wird das Licht der Völker und die Hoffnung derer sein,

[1] *Hen.*, XLVI, 4 - XLVIII, 1.

die in ihrem Herzen betrübt sind. Alle, die auf Erden wohnen, werden vor ihm niederfallen, preisen und lobsingen dem Namen des Herrn der Geister. Darum ist er auserwählt und vor ihm verborgen, ehe die Welt geschaffen wurde und bis in Ewigkeit. Die Weisheit des Herrn der Geister hat ihn den Heiligen und Gerechten geoffenbart, denn er bewahrt das Los der Gerechten, weil sie diese Welt der Ungerechtigkeit gehasst und verachtet und alle ihre Werke und Wege im Namen des Herrn der Geister gehasst haben. In seinem Namen werden sie ja gerettet, und sein Wille ist ihr Leben. In jenen Tagen werden die Könige der Erde und die Starken, die das Land besitzen, um ihrer Hände Werk willen niedergeschlagenen
* p. 57 Angesichts sein, denn * am Tage ihrer Angst und Not werden sie ihre Seele nicht retten. Ich werde sie dann in die Hände meiner Auserwählten übergeben; wie Stroh im Feuer und wie Blei im Wasser, so werden sie vor den Gerechten verbrennen und vor den Heiligen untersinken, bis von ihnen keine Spur mehr zu finden ist! Am Tage ihrer Not wird es Ärgernis auf Erden geben; sie werden vor ihnen niederfallen und nicht mehr aufstehen. Niemand wird da sein, der sie in seine Hände nähme und aufrichtete, denn sie verleugneten den Herrn der Geister und seinen Gesalbten »[1], das ist Jesus Christus. « Der Name des Herrn der Geister sei gepriesen! Denn Weisheit ist wie Wasser ausgegossen, und Herrlichkeit hört nicht mehr vor ihnen auf von Ewigkeit zu Ewigkeit. Denn er ist mächtig über alle Geheimnisse der Gerechtigkeit, und Ungerechtigkeit wird wie ein Schatten vergehen und keinen Bestand haben. Der Auserwählte steht ja vor dem Herrn der Geister, und seine Herrlichkeit währt von Ewigkeit zu Ewigkeit und seine Macht von Geschlecht zu Geschlecht. In ihm wohnt der Geist der Weisheit, der Geist der Lehre und der Kraft und der Geist derer, die in Gerechtigkeit entschlafen sind. Er wird das Verborgene richten, und niemand wird etwas Nichtiges vor ihm reden können; denn auserwählt ist er vor dem Herrn der Geister nach seinem Wohlgefallen. In jenen Tagen wird eine Umwandlung für die Heiligen und Auserwählten stattfinden; das Tageslicht wird über ihnen weilen, und Herrlichkeit und Ehre werden sich den Heiligen zuwenden. Am Tage der Trübsal wird sich das Unheil über den Sündern sammeln, und die Gerechten werden siegreich sein im

[1] *Hen.*, XLVIII, 1-10.

Namen des Herrn der Geister, und er wird es die anderen sehen lassen, damit sie Busse tun und von dem Werk ihrer Hände ablassen. Sie werden keine Ehre im Namen des Herrn der Geister erlangen, jedoch durch seinen Namen gerettet werden »[1], das sind die Christen, die an Christus glauben. « Und der Herr der Geister wird sich ihrer erbarmen, denn seine Barmherzigkeit ist gross. Er ist gerecht in seinem Gericht, und vor seiner Herrlichkeit wird keine Ungerechtigkeit in seinem Gericht bestehen. Wer aber keine Busse vor ihm tut, der wird untergehen. Von nun an will ich mich ihrer nicht mehr erbarmen, spricht der Herr der Geister. In jenen * * p. 58
Tagen wird die Unterwelt ihr Anvertrautes zurückgeben, was sie empfangen und bewahrt hat, und die Hölle wird bezahlen, was sie schuldig ist. Er wird die Gerechten, Erwählten und Heiligen unter ihnen auswählen, denn der Tag ist nahe, dass sie erlöst werden sollen. Der Auserwählte wird in jenen Tagen auf seinem Thron sitzen, und aller Geist der Weisheit wird aus dem Odem seines Mundes hervorgehen, denn der Herr der Geister hat es ihm gegeben und hat ihn verherrlicht. »[2] Der Auserwählte aber, wie ihn der Prophet Henoch nennt, ist Christus. « In jenen Tagen werden die Berge wie Widder springen und die Hügel wie Lämmer mit Milch gesättigt, und aller Engel Angesicht im Himmel wird leuchten vor lauter Freude. Denn in jenen Tagen, da der Auserwählte erhöht sein wird, wird sich auch die Erde freuen, die Gerechten werden auf ihr wohnen und die Erwählten auf ihr wandeln. »[3] Du aber, o Jude, sage und erkläre mir doch, was Henoch sagt : « Ich sah dort den, der ein betagtes Haupt hat, und sein Haupt war weiss wie Wolle! »[4] Wer ist das? Ich aber behaupte, es ist der Vater. Und wenn er sagt: « Bei ihm war ein anderer, dessen Antlitz wie das eines Menschen anzusehen war, und sein Angesicht war voll Anmut »[5], so ist das Christus, der Sohn des lebendigen Gottes und der Sohn der Maria nach dem Fleisch. Du aber, o Jude, wer sagst du denn, dass er sei? « Ich fragte den einen von den Engeln, der mit mir ging und mir alle Geheimnisse zeigte, nach jenem Menschensohn, wer er sei, woher er stamme und weshalb er mit dem betagten Haupte gehe. Er gab mir zur Antwort : Dies ist des Menschensohn, der * p. 40
die Gerechtigkeit hat, bei dem die Gerechtigkeit wohnt und der alle

[1] *Hen.*, XLVIII, 10 - L, 3. [2] *Hen.*, L, 3 - LI, 3. [3] *Hen.*, LI, 4. [4] *Hen.*, XLVI, 1. [5] *Ibid.*

Schätze des Verborgenen offenbart; denn der Herr der Geister hat ihn auserwählt, und sein Los hat vor dem Herrn der Geister (alles) durch Rechtschaffenheit in Ewigkeit übertroffen. Dieser Menschensohn, den du gesehen hast, wird die Könige und die Mächtigen von ihren Lagern und die Starken von ihren Thronen sich erheben machen. »[1]

Höre, o Jude, nicht von uns, sondern von Henoch, der im Sturmwind entrückt ward, wie ihm einer von den Engeln folgende Deu-
* p. 59 tung gab : « Dies ist des Menschen Sohn, * den du gesehen hast, der die Gerechtigkeit hat und bei dem die Gerechtigkeit wohnt! »[2] Sage mir doch, o Jude, wer von den Geschaffenen ginge sonst mit dem betagten Haupte und wäre bei ihm der Andere, dessen Antlitz wie das eines Menschen aussieht? Sage mir ferner, o Jude, « Und bei ihm ein anderer, dessen Antlitz wie das eines Menschen anzusehen war »[3], wer ist der Andere bei Gott von allen Geschaffenen? Einer von den geistlichen Engeln oder von den fleischlichen Kindern Adams oder vielmehr sein Sohn Jesus Christus, der Bekehrer der Sünder? So spricht unser Herr selbst durch den Mund des Propheten Salomo : « Vor allen Hügeln hat er mich geboren. »[4] « Da er die Himmel bereitete, war ich. Und als er seinen Thron auf den Winden schuf, als er festmachte, was über den Wolken ist, als er die Quellen des Himmels festlegte, als er dem Meer das Ziel setzte und noch kein Wasser aus seinem Munde kam, und als er die Grundlagen der Erde festigte, da war ich mit ihm verbunden. »[5] Drum wahrlich, der Andere bei dem betagten Haupte, sein Sohn Jesus Christus, der Sohn der Maria, zweifältig Jungfrau, den Henoch sah, war einem Menschensohne gleich[6]. Höre ferner, o Jude, von dem Propheten Henoch : « Also befahl der Herr den Königen, den Mächtigen, den Hohen und denen, die die Erde innehaben : Öffnet eure Augen und erhebet eure Hörner, ob ihr den Auserwählten erkennen könnt! Jenen Auserwählten setzte der Herr der Geister auf den Thron seiner Herrlichkeit, und der Geist der Gerechtigkeit ward über ihn ausgegossen. Die Rede seines Mundes wird alle Sünder töten, und alle Ungerechten werden vor seinem Angesichte vernichtet werden. »[7] Das sind die Juden, die den Sohn Gottes gekreuzigt haben, und alle, die ihn verleugnen,

[1] *Hen.*, XLVI, 2-4. [2] *Ibid.* [3] *Ibid.* [4] *Prov.*, VIII, 25. [5] *Ibid.*, 27-30.
[6] *Hen.*, XLVI, 1-3. [7] *Hen.*, LXII, 1-2.

werden allzumal zugrundegehen. « An jenem Tage werden alle Könige, die Mächtigen, die Hohen und diejenigen, die die Erde innehaben, sich erheben, ihn sehen und erkennen, wie er auf dem Throne seiner Herrlichkeit sitzt, alsdann gerecht vor ihm gerichtet werden, und kein eitles Wort wird vor ihm gesprochen werden können. Da wird Trübsal über sie kommen wie über ein Weib, * das in * p. 60
den Wehen liegt und dessen Niederkunft ihm schwer zusetzt, wenn sein Kind in den Muttermund tritt, und es sich mit der Geburt hart tut. Ein Teil von ihnen wird dann den anderen anschauen, sie werden erschrecken, ihren Blick senken, und Schmerz wird sie ergreifen, wenn sie jenen Menschensohn auf dem Thron seiner Herrlichkeit sitzen sehen werden. Die Könige, die Mächtigen und alle, die die Erde innehaben, werden rühmen, preisen und erheben den, der über alles herrscht und verborgen war. Denn von Anbeginn an war des Menschen Sohn verborgen, und der Höchste hat ihn vor seiner Macht aufbewahrt und ihn den Auserwählten offenbart. Die Gemeinde der Auserwählten und Heiligen wird dann gesät werden, und alle Auserwählten werden an jenem Tage vor ihm stehen. Alle Könige, Mächtigen, Hohen und diejenigen, die die Erde besitzen, werden vor ihm auf ihr Angesicht fallen und ihre Hoffnung auf jenen Menschensohn setzen, ihn anflehen und Barmherzigkeit von ihm erbitten. Jener Herr der Geister wird sie nun drängen, dass sie schleunigst von seinem Angesicht verschwinden; ihre Angesichter werden von Scham erfüllt werden, und Finsternis wird man darauf häufen. Er wird sie den Strafengeln übergeben, um Rache dafür an ihnen zu nehmen, dass sie seine Kinder und Auserwählten misshandelt haben. Das wird ein Schauspiel für die Gerechten sein; sie werden sich dann über sie freuen, weil der Zorn des Herrn der Geister auf ihnen ruht und sein Schwert sich an ihnen berauscht. Die Gerechten und Auserwählten werden an jenem Tage gerettet werden und das Angesicht der Sünder und Ungerechten von nun an nicht mehr sehen. Der Herr der Geister wird über ihnen wohnen, und sie werden mit jenem Menschensohn essen, sich niederlegen und aufstehen von Ewigkeit zu Ewigkeit. Die Gerechten und Auserwählten werden sich von der Erde erheben und (aufhören), ihren Blick zu senken, und werden das Kleid der Herrlichkeit anziehen. Und das soll euch das Kleid des Lebens sein von dem Herrn der Geister : eure Kleider werden

nicht veralten, und eure Herrlichkeit wird nicht vergehen vor dem Herrn der Geister. »[1]

Dies und dergleichen weissagte Henoch über Jesus Christus, den * p. 61 Sohn der Maria und den Sohn Gottes, Gott von Gott. * Ferner höre, o Jude, von dem Propheten Henoch, der da über Christus, den Sohn der Maria und den Sohn Gottes, weissagte : « Danach wird sich ihr Angesicht mit Finsternis und Scham vor jenem Menschensohn erfüllen; sie werden von seinem Angesicht vertrieben werden, und das Schwert wird vor seinem Angesicht unter ihnen hausen. Also sprach der Herr der Geister : Das ist Gesetz und Gericht über die Mächtigen, die Könige, die Hohen und diejenigen, die die Erde innehaben, vor dem Herrn der Geister. »[2] Menschensohn nannte ihn Henoch, und einen Herrn der Geister nannte Henoch diesen Christus, den Sohn der Maria und den Sohn Gottes.

Ausserdem höre, o Jude, von dem Propheten Henoch, der da weissagte über Christus, den Sohn der Maria und den Sohn Gottes, Gott von Gott : « Sie lobten, priesen und erhoben, weil ihnen der Name jenes Menschensohnes geoffenbart worden war. Er setzte sich auf den Thron seiner Herrlichkeit, und der Vorsitz des Gerichts ward dem Menschensohn übergeben; da verschwindet und vergeht alles Böse vor seinem Angesicht und die die Welt verführten. Mit Ketten werden sie gebunden und an ihrem Sammelort mit Vernichtung gebannt; alle ihre Werke verschwinden von der Erdoberfläche. Von jetzt an wird nichts Verderbliches mehr da sein, denn jener Mann ist erschienen und sitzt auf dem Thron seiner Herrlichkeit. Alles Böse verschwindet vor seinem Angesicht und geht dahin. Man bekennt jenem Menschensohn, und das besteht vor dem Herrn der Geister. Dies ist die dritte Bilderrede Henochs. Danach wurde sein Name bei Lebzeiten zu jenem Menschensohn und zu dem Herrn der Geister erhöht, hinweg von denen, die auf der Erde wohnen. Er wurde auf den Wagen des Geistes erhoben, und sein Name verschwand unter ihnen. Von jenem Tage an wurde ich nicht mehr unter ihnen gezählt »[3], sagt Henoch. Wenn Henoch «des Menschen Sohn»[4] und «Menschensohn»[5] sagt, so ist das Christus, der Morgenstern, der Sohn der Maria, zweifältig Jungfrau, der, * p. 62 dem Christenvolk ein Halt, von aller Kreatur gepriesen sei, * von

[1] *Hen.*, LXII, 3-16. [2] *Hen.*, LXIII, 11-12. [3] *Hen.*, LXIX, 26 - LXX, 3. [4] *Ibid.* [5] *Ibid.*

Ewigkeit zu Ewigkeit, Amen und Amen, so sei es, um des Fleisches und Blutes Christi willen, so sei es, so sei es!

(Folgt das *Buch der Dreieinigkeit,* Variante ă).

V

DIE LESUNG AM 29. MIYĀZYĀ

Im Namen des Vaters und des Sohnes und des heiligen Geistes, eines Gottes in heiliger Dreifaltigkeit, daran ich glaube und darin ich mich berge, dir aber, Satan, absage vor dieser meiner Mutter, der Kirche, da mein Bekenntnis Maria Zion ist, in Ewigkeit, Amen.

Dieses Lehrstück wird das *Buch der Weihnacht* genannt, das am 29. Miyāzyā (6. V.) verlesen wird, dem Fest der Geburt unseres Herrn Jesus Christus, des einigen Sohnes, des Morgensterns Jesus. Es berichtet von seiner Geburt aus Maria, zweifältig Jungfrau, dem fleischlichen Tempel.

Höre, o Jude, von dem Propheten Henoch, was er über Jesus Christus, den Sohn der Maria und den Sohn Gottes, weissagt : « Diese Lobpreisungen, die aus meinem Munde hervorkamen, waren wohlgefällig vor jenem betagten Haupte. Da kam jenes betagte Haupt mit Michael und Gabriel, Raphael und Phanuel, mit Tausenden und Abertausenden von Engeln ohne Zahl. Er kam zu mir, grüsste mich mit seiner Stimme und sprach zu mir : Du bist des Menschen Sohn, der zur Gerechtigkeit geboren wird; Gerechtigkeit wohnt über dir, und die Gerechtigkeit des betagten Hauptes verlässt dich nicht. Dann sagte er zu mir : Er ruft dir Frieden zu im Namen der zukünftigen Welt; denn von dort geht hervor der Friede seit der Schöpfung der Welt, und also wird es dir geschehen in Ewigkeit und von Ewigkeit zu Ewigkeit. Alle, die auf deinem Wege wandeln, wo dich doch die Gerechtigkeit nimmer verlässt, deren Wohnungen und Erbteil werden bei dir sein, und sie werden sich nicht von dir trennen in Ewigkeit
und von Ewigkeit zu Ewigkeit. * So wird Länge der Tage bei * p. 63
jenem Menschensohn sein, und die Gerechten werden Frieden haben und den rechten Weg wandeln im Namen des Herrn der Geister in Ewigkeit zu Ewigkeit, Amen. »[1]

[1] *Hen.*, LXXI, 12-17.

Höre, o Mensch, ob du Christ bist oder Jude, den Henoch kannst du doch nicht leugnen; denn er hat Christus vor all denen geweissagt, die von der Welt her Propheten gewesen sind, und von all denen, die seine Geburt aus Maria, zweifältig Jungfrau, prophezeit haben, dazu seine Taufe und seine Erscheinung, seinen Tod und seine Auferstehung, seine Himmelfahrt und das Sitzen zur Rechten seines Vaters sowie seine Wiederkunft in seiner Dreieinigkeit mit allen seinen heiligen Engeln. Denn Henoch hat den Aufgang der Sonne und den Untergang der Sonne angezeigt, wie sie aufgeht und untergeht nach ihren Monaten und Tagen in den Fenstern des Himmels, wie er selbst sagt : « Die Kürze des Tages und der Nacht ensteht durch den Umlauf der Sonne. Der Unterschied besteht deshalb in dem umgekehrten Verhältnis der Länge ihres täglichen Umlaufs zu der ihres nächtlichen. » [1] So sind denn der Geheimnisse der Sonne gar viele. Auch die Mysterien vom Aufgang des Mondes hat Henoch verkündigt, seine Lichtabnahme und seine Lichtfülle an einem Tage. Ferner sagt Henoch über ihn : « In dem ersten Tore 177 Tage. In der Zeit seines Ausgangs scheint er 3 Monate zu je 30 Tagen, und 3 Monate scheint er zu je 29 Tagen. Nachts erscheint er je 20 Tage lang wie ein Mann, und bei Tage wie der Himmel; denn etwas anderes als sein Licht ist nicht in ihm. » [2] Dann zeigt Henoch noch die Ordnungen der Sterne an, die da an ihren Orten aufsteigen zu ihren Zeiten, Festen und Monaten. Die Morgen- und Abendsterne tut er alle miteinander kund. O Leugner, wenn du dies erklären kannst, wirst du gar wohl klug und weise heissen. Höre, o Mensch, der du den Henoch leug-
* p. 64 nest, woher bringst du es auf 364 Tage, * dazu auf 12 Monate und weiter noch auf 7000 Jahre? Das sind die 7000 Jahre des Herrn, wie Henoch verkündigt : « Danach wird in der 10. Woche im 7. Teile das grosse, ewige Gericht stattfinden, bei dem er die Strafe unter den Engeln vollzieht. Der erste Himmel wird verschwinden und vergehen, und ein neuer Himmel wird erscheinen, und alle Kräfte der Himmel werden siebenfach immerdar leuchten. Danach werden viele Wochen ohne Zahl bis in Ewigkeit in Güte und Gerechtigkeit sein, und die Sünde wird von da an nicht mehr erwähnt werden in Ewigkeit. » [3] Du aber, o Jude, sagst doch so : Nach 7000 Jahren sind ja noch viele Jahre! So etwas behauptest

[1] *Hen.*, LXXII, 33-34. [2] *Hen.*, LXXVIII, 15-17. [3] *Hen.*, XCI, 15-17.

du nur, weil du Frist und Ziel deiner Freude und Fröhlichkeit verfehlst; denn Trümmer und Staub bist du, dein Tempel ist zerstört, dein Königreich dir entrissen und einem andern gegeben und dein Priestertum von dir genommen. Die Prophetie ist auch vergangen, nachdem Christus nach der Frist Henochs und Daniels gekommen ist; denn man hat über ihn zuende geweissagt. Wen sollten heilige Propheten denn noch ankündigen, nachdem nach der Frist Henochs und Daniels Christus, der Heiland aus Zion, gekommen ist?

Höre, o Jude, und nenne mir einen Mann, dessen Name Morgenstern ist! Sage mir, o Jude, wann kommt zu dir der Morgenstern, an welchem Tage und zu welcher Stunde kommt er zu dir? Sage es mir, o Jude, ich ermahne und beschwöre dich beim Herrgott, der dich geschaffen hat, dass du es mir sagst, und nachdem du gefehlt hast, sage deine Lüge, gestehe deine Torheit und bekenne deine Sünde! Der Morgenstern aber ist Christus, der nach der Frist Henochs und Daniels gekommen ist. Er ward geboren aus Maria, zweifältig Jungfrau; da ging uns die Sonne der Gerechtigkeit auf, die ständig auf die Heiligen des Höchsten scheint, wie Jeremia sagt: « Siehe, Tage werden kommen, spricht der Herr, an denen will ich David ein Gewitter der Wahrheit und einen Aufgang der Gerechtigkeit anrichten. »[1] Ferner sagt Jeremia * über ihn : « Dies wird * p. 65 sein Name sein, dass man ihn nennen wird : der Herr in Wahrheit, und Josedek nennt ihn der Herr. Unter den Propheten... »[2] Und Sacharja sagt über Christus : « Höre, Josua, du Hoherpriester, du und deine Freunde, die vor dir sitzen; denn sie sind Seher! Siehe, ich will über meinen Knecht kommen lassen... »[3] « Über meinen Knecht »[4] heisst: über seinen Knecht Josua. « Danach wird er selbst kommen, der der Morgenstern ist. »[5] Morgenstern aber heisst Christus, der über den Priester Josua gekommen ist, und der Stein, den er vor Josua gelegt hat, ist der eine Stein, auf dem sieben Augen sind[6]. Der Morgenstern und der Stein ist Christus, und die sieben Augen sind die sieben Kirchen.

Siehe, das sind die Priester Gottes, die ihrer warten und sie auf die Weide des Evangeliums führen, die sie auch von dem Tisch der Braut essen und trinken lassen. Wenn alle Christenleute, Männer und Frauen, zum Priester kommen, um ihm ihre Sünden

[1] *Jer.*, XXIII, 5. [2] *Ibid.*, 6. [3] *Zach.*, III, 8. [4] *Ibid.* [5] *Ibid.* [6] *Zach.*, III, 9.

zu beichten, dann sollen sie ihm einzeln ihre Sünden bekennen. Der betreffende Priester aber soll sich über die Bussfertigkeit der Sünder freuen und sie einzeln vermahnen. « Ich sterbe für dich »[1] soll er zu ihnen sprechen und ihnen aus dem Kanon die Busse zuteilen. Dann soll er zu jedem einzelnen von ihnen so sprechen, wie die Apostel in ihrer Didaskalie befohlen haben. Der Priester aber, der ihnen keine Busse zuteilt, zerstreut die Herde Christi, sagen alle Apostel in ihrer Didaskalie. Darum nun, all ihr Christenleute, lauft Tag für Tag des Morgens flugs zum Priester, eurem Lehrer. Der Priester soll euch dann die Busse zuteilen. Da ihr an die Geburt Christi aus Maria, zweifältig Jungfrau, ausserdem an seine Taufe, seinen Tod und seine Auferstehung, seine Himmelfahrt und das Sitzen zur Rechten seines Vaters, — da ihr das glaubt und bekennt, durch wen euch eure Sünde vergeben wird, dem Zauber dessen aber entsagt, der Not und Tod wirkt, und die
* p. 66 Verehrung des Dask, Ṭafant, Maqāuze, * Guedālē und Mārit[2] und dergleichen ablehnt sowie den freundlichen und vertraulichen Verkehr mit all den Zauberern unterlasst, ihre Greuel vielmehr aufdeckt, betet doch Gott allein an, das ist den Vater, den Sohn und den heiligen Geist!

Nun wenden wir uns wieder dem Anliegen Henochs zu! Höre, o Leugner, der du den Henoch abstreitest! Das Gesetz erzählt die Ehre Henochs : « Henoch gefiel Gott wohl und ward nicht mehr gesehen, denn der Herr entrückte ihn. »[3] Und die Apostel sagen in ihrer Didaskalie : « Und das Volk wandelte weiter in der Vermahnung des Propheten Henoch, der zum Himmel aufgefahren ist. »[4] Ferner schrieben die Apostel eigenhändig aus dem Buche Henochs[5], ihres Vaters, wie Henoch geweissagt hat : « Das ist der Siebente von Adam her »[6], und weiter : « Siehe, der Herr wird mit Tausenden seiner Heiligen kommen, Gericht zu halten, jedem nach seinen Werken vergelten und alle Sünder strafen um jedes Werk ihrer Sünden, womit sie gottlos gewesen sind, und um all das Harte, das sie wider ihn geredet haben. »[7] Ausserdem heisst es im Buch der Jubiläen über Henoch : « Dieser nun ist der

[1] *Did.*, II, 20. [2] Zauberpriesterin aus der Gegend von Dāmot; siehe K. Wendt, *Das Maṣḥafa Berhān und Maṣḥafa Milād*, p. 161; zum Plural Māryān (masc.) und Māryāt (fem.) siehe Text, p. 42, lin. 24. [3] *Gen.*, V, 24 [4] *Did.*, II, 55. [5] *Hen.*, LX, 8. [6] *Ju.*, 14. [7] *Hen.*, I, 9; *Ju.*, 14-15.

erste von den Menschenkindern, von denen, die auf der Erde geboren sind, der Schrift, Wissenschaft und Weisheit lernte und die Zeichen des Himmels nach der Ordnung ihrer Monate in ein Buch schrieb, damit die Menschenkinder die Zeit der Jahre wüssten nach ihren Ordnungen je nach ihrem Monat. Er schrieb auch zuerst ein Zeugnis auf und bezeugte den Menschenkindern unter dem Erdengeschlecht und verkündigte die Jahrwochen der Jubiläen und tat die Tage der Jahre kund, ordnete die Monate und sagte die Sabbate der Jahre an, wie wir's ihn haben wissen lassen. Was gewesen ist, und was sein wird, sah er in einem Traumgesicht, wie es geschehen wird mit den Menschenkindern nach ihren Geschlechtern bis zum Tage des Gerichts; alles sah und erkannte er und schrieb sein Zeugnis auf und legte es zum Zeugnis auf die Erde nieder * für alle Menschenkinder und für ihre * p. 67
Nachkommen.»[1] Weiter sagt das Buch der Jubiläen über Henoch : «Henoch legte über alles Zeugnis ab und wurde mitten aus den Menschenkindern aufgenommen, und wir führten ihn in den Garten Eden zu Hoheit und Ehre. Siehe, dort schreibt er Gericht und das Urteil über die Welt und alle Bosheiten der Menschenkinder. Darum kam auch nichts von allerlei Wasser der Sintflut in das ganze Land Eden, denn er war dort zum Zeichen gegeben und dass er Zeugnis gebe von dem Tage jedes Menschenkindes, alles Tun der Geschlechter anzusagen bis auf den Tag des Gerichts. Er brachte auch im Heiligtum ein Rauchopfer dar, das vor dem Herrn auf dem Berge zur Mittagszeit angenommen ward.»[2] Ferner heisst es im Buche der Jubiläen von Henoch : «Denn das Werk Henochs ist zum Zeugnis für die Geschlechter der Welt geschaffen, dass er alles Tun von Geschlecht zu Geschlecht ansage bis auf den Tag des Gerichts.»[3] Höre, o Leugner, Christ oder Jude, ohne das Buch Henoch vermagst du doch nichts zu sein, kannst du nicht Christ und kannst nicht Jude sein! Woran erkennt ihr beide denn, Jude und Christ, euer Ostern, euer Passah, den Anbruch eures Monats, eure Feste und Jahre, eure Wochen und alle Zeichen des Himmels, dass du sie weisst? Woran kannst du sie erkennen ohne das Buch Henoch? Höret, ihr Leugner allesamt, ihr könnt doch den Henoch nicht abstreiten! Das Gesetz und die Propheten ehrten den Henoch. Sogar die Apostel verzeichneten

1 *Jub.*, IV, 17-19. 2 *Ibid.*, 22-25. 3 *Ibid*,, 19.

seine Ehre, indem sie aus seinem Buche abschrieben. Auch im Buche der Jubiläen ist sein Buch aufgenommen, geschrieben von dem Engel des Angesichts. Der Engel des Angesichts aber ist doch der Sohn der reinen Maria, der dem Engel des Angesichts glich, und zu dem Gott, sein Vater, sprach : « Schreibe für Mose auf vom Anfang der Schöpfung an bis das Heiligtum unter ihnen gebaut
* p. 68 wird für alle Ewigkeit! » [1] Ferner sprach * der Vater zu dem Engel des Angesichts, seinem Sohn : « Der Herr wird dem Auge eines jeden erscheinen, und jeder wird erkennen, dass du der Gott Israels bist und der Vater aller Kinder Jakobs und der König auf dem Berge Zion in alle Ewigkeit; und Zion und Jerusalem werden heilig sein. » [2]

Höre, o Christenmensch, auf dass du dich der Dreieinigkeit freuest! Zuvor glich er dem Manne im Hause Abrahams. Als nämlich die drei Männer kamen, da war er der eine von ihnen [3]. Ferner glich er dem Engel des Angesichts [4]. Ausserdem glich er noch den wachedienenden Erzengeln, wie er zu seinen Jüngern im Buche des Testaments [5] sprach, als er herabstieg, um im Schosse seiner Mutter Maria, der Erwählten unter den Erwählten, Wohnung zu nehmen. Dann glich er noch Gabriel [6], dem Führer der Feuerengel, als er der Maria die Frohbotschaft von sich selbst verkündigte, dass er in ihrem Schosse wohnen würde, Licht von Licht. Der heilige Geist glich auch dem Manne im Hause Abrahams, dem andern von den drei Männern [7]. Ferner glich er dem Engel der Heiligung, wie das Buch der Jubiläen sagt [8]. Und ausserdem glich er noch der Gestalt der weissen Taube, als Johannes Jesum Christum im Jordanfluss taufte. Da bekannte sich der Vater zu seinem Sohn aus dem Himmelszelt, dem Heiligtum, und sprach : « Dies ist mein Sohn, den ich liebhabe! » [9] Du aber, o Christenmensch, glaube dies in reinem Glauben : Die da zum Hause Abrahams kamen [10], waren der Vater und der Sohn und der heilige Geist! Und Abraham bückte sich vor ihnen zugleich. Vor Engeln aber bückt man sich nicht in gleicher Weise wie vor Gott zu einer Verehrung, wie sich Abraham bückte, indem er sprach : « Meine Herren! » [11] Das Gesetz und die Propheten, das Evangelium und die Apostel haben uns nirgends berichtet, dass alle Geschöpfe den Herrn Zebaoth gleicher-

[1] *Jub.*, I, 27. [2] *Ibid.* [3] *Gen.*, XVIII, 1-2. [4] *Jub.*, I, 27. [5] II *Test.*, 23 s. [6] *Luc.*, I, 26. [7] *Gen.*, XVIII, 1-2. [8] *Jub.*, XVI, 1-5. [9] *Matth.*, III, 17. [10] *Gen.*, XVIII, 1-2. [11] *Ibid.*, 3.

massen wie Engel anbeten. Wer dies nicht glaubt, fällt aus den Regeln des Glaubens. Uns aber bewahre Er in seiner reinen Dreifaltigkeit, von Ewigkeit zu Ewigkeit, Amen und Amen, um des Fleisches und Blutes Christi willen, so sei es, so sei es!

(Folgt das *Buch der Dreieinigkeit,* Variante b).

VI

DIE LESUNG AM 28. GENBOT

* Im Namen des Vaters und des Sohnes und des heiligen Geistes, * p. 69 eines Gottes in heiliger Dreifaltigkeit, daran ich glaube und darin ich mich berge, dir aber, Satan, absage vor dieser meiner Mutter, der Kirche, da mein Bekenntnis Maria Zion ist, Amen.

Dieses Lehrstück wird das *Buch der Weihnacht* genannt, das am 28. Genbot (4. VI.) verlesen wird, dem Fest der Geburt unseres Herrn, des einigen Sohnes, aus Maria, zweifältig Jungfrau, unserer Herrin. Es berichtet von dem Geheimnis seiner Dreieinigkeit, dem Licht, und schlägt den Leugnern der Dreieinigkeit die Zähne ein. Wir Christen aber haben das Linnen seiner Dreieinigkeit zum Gewand, Amen und Amen, so sei es!

Höre, o Jude voll Falschheit, das Geheimnis der reinen Dreieinigkeit aus dem Munde des Propheten Abraham nach der Genesis! Denn einen Propheten nannte Gott den Abraham, als der König von Gerar ihm sein Weib Sara wegnahm und dafür gestraft wurde. Der Herr sprach zu Abimelech : « Er wird für dich beten, denn Abraham ist ein Prophet! » [1] Und im Buche Tobit heisst es : « Denn wir sind Kinder von Propheten : Noah, Abraham, Isaak und Jakob. » [2] Und der Prophet Abraham sah den Herrn in seiner Dreifaltigkeit, wie die Genesis sagt : « Der Herr erschien dem Abraham am Hain Mamre, da es sass an der Tür der Hütte, um die Mittagszeit. Und als er seine Augen aufhob und sah, siehe, da standen drei Männer vor ihm. Und er bückte sich nieder auf die

[1] *Gen.*, XX, 7. [2] *Tob.*, IV, 12.

Erde und sprach zu ihnen : Meine Herren, habe ich Gnade gefunden vor euren Augen, so lasst uns Wasser bringen und eure Füsse waschen, während ihr Schatten sucht unter dem Baum; alsdann
* p. 70 wollen wir Brot bringen, * dass ihr esset. Danach sollt ihr fortgehen, wohin ihr gedachtet. Denn darum seid ihr zu eurem Knecht gekommen. Sie sprachen zu ihm : Tue so, wie du sagst! Abraham lief zu seinem Weibe Sara in ihre Hütte und sprach zu ihr : Eile und menge drei Mass Semmelmehl und backe Kuchen! Da lief Abraham zu den Rindern, nahm ein kleines und schönes Rind und gab es seinem Knechte; der eilte, es zuzubereiten. Und er brachte Butter und Honig und jenes Rind, das er zubereitet hatte, und setzte es ihnen vor; und sie assen, während er am Baum stand und ihnen zureichte. »[1] Siehe, o Judenmensch, Abraham sah den Vater und den Sohn und den heiligen Geist in der Dreifaltigkeit, wie das heilige Gesetz sagt : « Der Herr erschien dem Abraham am Hain Mamre, da er sass an der Tür der Hütte, um die Mittagszeit. Und als er seine Augen aufhob und sah, siehe, da standen drei Männer vor ihm. Und er bückte sich vor ihnen nieder auf die Erde und sprach zu ihnen : Meine Herren, habe ich Gnade gefunden vor euren Augen, so lasst uns Wasser bringen und eure Füsse waschen! Sie sprachen zu ihm : Tue also! »[2] Und Abraham tat also. Da fand er Gnade vor seinen Herren. Sie assen in seinem Hause, und er wusch ihre Füsse mit seinen Händen und bückte sich zugleich vor ihnen Dreien völlig. Höre, o Jude, wann assen Engel zugleich mit Gott? Wann bückte man sich vor Gott zugleich mit seinen Engeln? Und wann wusch man Gott die Füsse zugleich mit seinen geschaffenen Engeln? Deshalb glauben wir, dass die drei Männer, die dem Abraham erschienen, der Vater und der Sohn und der heilige Geist je nach seiner Person waren und beugen uns ebenso vor ihnen, wie Abraham sich gänzlich beugte.

Ausserdem höre, o Mensch, damit du die Bedeutung unseres Buches erkennst! Das Gesetz sagt : « Da standen jene zwei Männer auf von dannen und wandten sich gen Sodom und Gomorra; und
* p. 71 Abraham * ging mit ihnen, dass er sie geleitete. »[3] Einer aber ging nicht mit ihnen, denn er verbarg sich dort. Jene zwei aber standen auf und wandten sich gen Sodom und Gomorra. Abraham aber ging mit den beiden, und die beiden waren Gott der Sohn und

1 *Gen.*, XVIII, 1-8. 2 *Ibid.* 3 *Ibid.*, 16.

der heilige Geist. Und die beiden sprachen zu ihm in Einheit, indem sie sich ihm offenbarten, dass sie der Herr seien. Und der Herr sprach : « Es sei vor meinem Knecht Abraham nicht verborgen, was ich tue, sintemal er ein gross und zahlreich Volk soll werden und alle Völker der Erde um seinetwillen gesegnet werden sollen. »[1] Ferner höre, o Jude, das Gesetz sagt nicht, der Herr sei mit seinen Engeln dem Abraham erschienen, sondern das Gesetz sagt : « Der Herr erschien dem Abraham am Hain Mamre, da er sass an der Tür der Hütte, um die Mittagszeit. Und als er seine Augen aufhob und sah, siehe, da standen drei Männer vor ihm! »[2] Abraham sah also niemand anderes als drei Männer, das war die Dreifaltigkeit. Siehe, o Christenmensch, und erkenne, dass das der Vater und der Sohn und der heilige Geist war! Deshalb sagen wir Christen, dass wir, wenn wir uns bücken, uns vor dem Vater und dem Sohne und dem heiligen Geiste beugen, die da sind als einer drei und als drei einer. Abraham aber bückte sich nicht vor Gott mit seinen Engeln, sondern er bückte sich nur vor Gott in seiner Dreifaltigkeit. Desgleichen beugen auch wir uns vor dem Vater und dem Sohne und dem heiligen Geiste, wie die Genesis sagt : « Der Herr erschien dem Abraham. »[3] Siehe, o Christenmensch, dass Gott dem Abraham in seiner Dreifaltigkeit erschien, wie die Genesis sagt : « Und als er seine Augen aufhob und sah, siehe, da standen drei Männer vor ihm![4]

Ausserdem siehe dieses Geheimnis der Dreieinigkeit, o Christenmensch, denn Abraham sah Gott in seiner * Dreifaltigkeit. Als (* p. 72) Abraham seine Augen aufhob, sah er Gott in seiner Dreifaltigkeit, nämlich in der Gestalt von drei Männern. « Abraham aber bückte sich vor ihnen nieder auf die Erde und sprach zu ihnen : Meine Herren! »[5] Siehe, o Christenmensch, dass sich Abraham zuerst vor dem Vater und dem Sohne und dem heiligen Geist bückte, und nachdem er sich gebückt hatte, fuhr er in seiner Rede fort und sprach zu ihnen : « Meine Herren, habe ich Gnade gefunden vor euren Augen, so lasst uns Wasser bringen und eure Füsse waschen, während ihr Schatten sucht unter dem Baum; alsdann wollen wir Brot bringen, dass ihr esset. Danach sollt ihr fortgehen, wohin ihr gedachtet. Denn darum seid ihr zu

[1] *Gen.*, XVIII, 17-18. [2] *Ibid.*, 1-2. [3] *Ibid.* [4] *Ibid.* [5] *Ibid.*, 2-3.

eurem Knecht gekommen! »[1] Dies alles erbat Abraham bei dem Vater und dem Sohne und dem heiligen Geiste, indem er sich mit seinem Angesicht zur Erde bückte, bis sie zu ihm sprachen : « Tue so, wie du sagst! »[2] Und er erhob sich nicht von seiner Verneigung, bis sie zu ihm sprachen : « Tue so, wie du sagst! »[3] Als sie aber zu ihm sprachen : « Tue so, wie du sagst! »[4], da lief Abraham freudig und frohgemut zu seinem Weibe Sara in ihre Hütte und sprach zu ihr : « Eile und menge drei Mass Semmelmehl und backe Kuchen! »[5] Damit deutete Abraham die Dreifaltigkeit an, dass er den Dreien drei Mass Semmelmehl gab. Ferner lief Abraham freudig und frohgemut zu den Rindern, nahm ein kleines und schönes Rind und gab es seinem Knechte; der eilte, es zuzubereiten. Siehe, o Christenmensch, dass Abraham zweimal lief, da der heilige Geist ihn zu laufen trieb. Und Abraham eilte, dem Vater und dem Sohne und dem heiligen Geiste das Mittagsmahl zu geben. « Abraham brachte Butter und Honig und jenes Rind, das er zubereitet hatte, und setzte es ihnen vor; und sie assen, während er am Baum stand und ihnen zureichte. »[6] Höre, o Mensch, der du leugnest, wann bückte man sich vor Gott zugleich mit seinen Engeln von all seinen Geschöpfen? Wann wusch man Gott die Füsse zugleich mit seinen
* p. 73 geschaffenen Engeln? Wann suchte Gott Schatten * unter dem Dach eines Menschenhauses zugleich mit seinen geschaffenen Engeln? Wann ass Gott zugleich mit seinen geschaffenen Engeln? Und wann sprachen die Engel Gottes, wenn einer von den Menschenkindern zu seinem Schöpfer flehte, zugleich mit ihrem Schöpfer: « Tue also! »[7]? Du aber, o Leugner der Dreieinigkeit, warum bringst du die geschaffenen Engel an, dass man sich vor ihnen zugleich mit den Schöpfern beugen soll? Warum lässt du die geschaffenen Engel zugleich mit den Schöpfern im Hause Abrahams Schatten suchen? Warum lässt du die geschaffenen Engel zugleich mit den Schöpfern gewaschen werden? Und warum lässt du die geschaffenen Engel zugleich mit den Schöpfern essen? Du aber, der du von uns Christen und von unserer Gemeinde bist, behaupte nicht einen Gott und zwei Engel! Wenn du aber so leugnest, bist du aus der Christengemeinde verbannt und getrennt, bis du einst meine Wahrheit finden wirst, von Ewigkeit zu Ewigkeit, Amen. Ferner höre, o Christenmensch, wie die Genesis sagt : Nachdem aber der Vater und der Sohn und der heilige

[1] *Gen.*, XVIII, 3-5. [2] *Ibid.*, 5. [3] *Ibid.* [4] *Ibid.* [5] *Ibid.*, 6. [6] *Ibid.*, 7-8. [7] *Ibid.*, 5.

Geist gegessen hatten, « da standen jene zwei Männer auf von dannen und wandten sich gen Sodom und Gomorra » [1]. Der eine aber von ihnen Dreien verbarg und verhüllte sich im Hause Abrahams. Von da an sah Abraham den dritten an jenem Tage mit den beiden anderen nicht wieder. Abraham aber ging mit ihnen, dass er sie geleitete, nämlich mit jenen zwei Männern, das ist der Sohn und der heilige Geist, und trennte sich nicht von ihnen.

Sieh auf diesen Grund des Geheimnisses der Dreieinigkeit, o Christenmensch! Da waren zwei mit ihm, die wie einer mit ihm sprachen. Die wandten ihm ihr Angesicht in offensichtlicher Einheit zu, um mit ihm zu reden : « Da sprach der Herr : Es sei vor meinem Knecht Abraham nicht verborgen, was ich tue, sintemal er ein gross und zahlreich Volk soll werden und alle Völker der Erde um seinetwillen gesegnet werden sollen! » [2] * Der Herr wusste (* p. 74) eben, dass es Abraham obliegen würde, seine Kinder und sein Haus anzuhalten, des Herrn Wege zu halten und zu tun, was recht und billig ist, auf dass ihnen der Herr alles tue, was er dem Abraham verhiess. « Und der Herr sprach zu ihm : Es ist ein Geschrei über Sodom und Gomorra, das ist gross, und ihre Sünden sind sehr schwer. Darum will ich hinabfahren und sehen, ob sie vollbringen nach ihrem Geschrei, das zu mir kommt, oder ob's nicht also sei, dass ich's wisse. » [3] Dies alles sprachen zu Abraham jene zwei Männer, das ist der Sohn und der heilige Geist. Das sprachen sie ferner zu ihm um ihrer Einheit willen : « Und der Herr sprach zu Abraham : Es ist ein Geschrei über Sodom und Gomorra, das ist gross, und ihre Sünden sind schwer. Darum will ich hinabfahren und sehen, ob sie vollbringen nach ihrem Geschrei, das zu mir kommt, oder ob's nicht also sei, dass ich's wisse. » [4]

Höre, o Christenmensch, diesen Grund des Geheimnisses der Dreieinigkeit! Die zwei Männer, die da sprachen, waren der Sohn und der heilige Geist als zwei. Ferner verkündigten sie ihm als einer in offensichtlicher Einheit : « Und der Herr sprach zu Abraham : Es ist ein Geschrei über Sodom und Gomorra, das ist gross, und ihre Sünden sind sehr schwer. Darum will ich hinabfahren und sehen. » [5] Schau, o Christenmensch, auf diesen Grund des Geheimnisses der Dreieinigkeit! Dies sprachen aber jene zwei Männer, der Sohn und der heilige Geist, als einer : « Darum will ich hinabfahren

[1] *Gen.*, XVIII, 16. [2] *Ibid.*, 17-18. [3] *Ibid.*, 20-21. [4] *Ibid.* [5] *Ibid.*

und sehen, ob sie vollbringen nach ihrem Geschrei, das zu mir kommt, oder ob's nicht also sei, dass ich's wisse.» [1] Wenn es da heisst : « Darum will ich hinabfahren und sehen » [2], so sprachen das jene zwei Männer, das ist der Sohn und der heilige Geist, in Einheit, als sie gerade auf Sodom und Gomorra hinabfahren wollten. Den einen aber von den Dreien, der sich im Hause Abrahams vor Abraham verhüllte, sah Abraham an jenem Tage nicht wieder in seiner Dreieinigkeit, wie er ihn in seiner Dreieinigkeit nach der (* p. 75) Aussage * der Genesis um die Mittagszeit gesehen hatte : « Und als er seine Augen aufhob und sah, siehe, da standen drei Männer vor ihm. » [3] Der eine aber, der sich im Hause Abrahams vor Abraham verbarg, sprach also nicht: «Darum will ich hinabfahren und sehen» [4] und fuhr auch nicht mit auf Sodam und Gomorra hinab; und doch war ihr Wort, ihr Geist und ihr Wesen eins. Diesen Dritten aber sah Abraham nicht mehr in seiner Dreieinigkeit, seitdem er aus seinem Hause herausgegangen war.

Höre, o Christenmensch, diesen Grund des Geheimnisses der Dreieinigkeit! « Da sprach der Herr : Es sei vor meinem Knecht Abraham nicht verborgen, was ich tue! » [5] Dies sprachen jene zwei Männer, der Sohn und der heilige Geist, in Einheit, indem sie sich zu einem vereinigten. « Und der Herr sprach zu ihm : Es ist ein Geschrei über Sodom und Gomorra, das ist gross, und ihre Sünden sind sehr schwer. Darum will ich hinabfahren und sehen. » [6] Dies sprachen ferner jene zwei Männer, der Sohn und der heilige Geist, in Einheit, indem sie sich vereinigten.

Ferner höre, o Mensch, diesen Grund des Geheimnisses der Dreieinigkeit! « Als jene zwei Männer sich von dort umwandten, gingen sie gen Sodom und Gomorra. Aber Abraham blieb noch stehen vor dem Herrn.» [7] Wenn es da heisst : « Als jene zwei Männer sich von dort umwandten » [8], so geschah diese Umkehr nicht von einem anderen Ort, sondern sie wandten sich von Abraham um; denn sie redeten noch mit ihm, als sie Abraham stehen liessen.

Ausserdem höre, o Christenmensch, dieses Geheimnis der Dreieinigkeit, wie die Genesis sagt : « Da standen jene zwei Männer auf von dannen und wandten sich gen Sodom und Gomorra. » [9] Zuerst machten sie sich von Abraham auf und gingen aus seinem Hause und wandten sich dann gen Sodom und Gomorra; « und

[1] *Gen.*, XVIII, 21. [2] *Ibid.* [3] *Ibid.*, 2. [4] *Ibid.*, 21. [5] *Ibid.*, 17. [6] *Ibid.*, 20. [7] *Ibid.*, 22. [8] *Ibid.* [9] *Ibid.*, 16.

Abraham ging mit ihnen, dass er sie geleitete.»[1] Da wandten sie ihr Angesicht ihrem Knecht Abraham zu, um mit ihm in Einheit zu reden. Und sie verkündigten ihm : «Da sprach der Herr : Es sei vor meinem Knecht Abraham nicht verborgen, was ich tue, sintemal Abraham ein gross * und zahlreich Volk soll werden und * p. 76
alle Völker der Erde um seinetwillen gesegnet werden sollen»[2] und so weiter, bis er sprach : «Dass ich's wisse.»[3]

Ferner höre, o Christenmensch, und schau auf diesen Grund des Geheimnisses der Dreieinigkeit! «Als jene zwei Männer sich von dort umwandten»[4] heisst es von wo sie Abraham stehen liessen, als sie ihm ihre Verheissung verkündigten. Ihr Angesicht aber blieb auf Abraham gerichtet, während sie ihm ihre Verheissung verkündigten. Jene zwei Männer waren der Sohn und der heilige Geist. Und «Sie wandten sich von dort um»[5] heisst es also von der Stelle, an der Abraham mit dem Schöpfer stand, wo sie in Einheit zu ihm sprachen : «Es sei vor meinem Knecht Abraham nicht verborgen, was ich tue, sintemal er ein gross und zahlreich Volk soll werden und alle Völker der Erde um seinetwillen gesegnet werden sollen!»[6]

Ferner höre, o Christenmensch, diesen Grund des Geheimnisses der Dreieinigkeit! «Sie kamen gen Sodom und Gomorra»[7] heisst doch, als sie ihr Angesicht von Abraham weg gen Sodom und Gomorra gewandt hatten. In Sodom und Gomorra waren sie um jene Zeit noch nicht angelangt, denn sie hatten sich noch nicht von Abraham getrennt und waren zu jener Stunde von Abraham noch nicht verschwunden.

Ausserdem höre, o Christenmensch, diesen Grund des Geheimnisses der Dreieinigkeit! «Abraham aber blieb noch stehen vor dem Herrn»[8] heisst doch : Als jene zwei Männer, das ist der Sohn und der heilige Geist, ihr Angesicht gen Sodom und Gomorra wandten, war vorher ihr Angesicht auf Abraham gerichtet gewesen. Das war, als sie von seinem Hause aufstanden und Abraham ihnen folgte, während sie in Einheit ihm ihre geheime Verheissung mitteilten. Ferner stand Abraham da, wo sie ihr Angesicht gen Sodom und Gomorra wandten, wie das Gesetz sagt : «Abraham aber blieb noch stehen vor dem Herrn.»[9] Höre, o Christenmensch, wie dir die Genesis klarmacht, dass das Stehen Abrahams zweimal geschah :

[1] *Gen.*, XVIII, 16. [2] *Ibid.*, 17-18. [3] *Ibid.*, 19. [4] *Ibid.*, 22. [5] *Ibid.* [6] *Ibid.*, 16. [7] *Ibid.*, 22. [8] *Ibid.* [9] *Ibid.*

* p. 77 einmal, * als Abraham ihnen folgte, sie zu geleiten, wandten sie ihr Angesicht von ihrem Wege weg ihm zu, um ihm ihre geheime Verheissung mitzuteilen, und liessen ihn vor sich stehen; und das zweite Mal, wie er da stand, wo sie ihr Angesicht gen Sodom und Gomorra wandten. Das Gesetz sagt dir : « Abraham aber blieb noch stehen vor dem Herrn. »[1] Erkenne und beachte, dass « noch » gleichbedeutend ist mit « weiter »! So sagt auch Mose : « Der Herr wird König sein immer und ewig. »[2] Ferner sagt die Genesis noch : « Und Abraham trat zu dem Herrn »[3]. Erkenne, o Mensch, wie sich der Standort Abrahams gegenüber dem vorigen veränderte! « Da sprach Abraham : O Herr, bringe doch nicht die Gerechten mit den Sündern um, auf dass der Gerechte nicht wie der Sünder sei! »[4] bis dahin, wo er die Antwort erhält : « Ich will sie nicht verderben um der zehn willen. Und der Herr ging hin, da er mit Abraham ausgeredet hatte; und Abraham kehrte wieder um an seinen Ort. »[5] Jene zwei Männer, das ist der Sohn und der heilige Geist, kamen gen Sodom und Gomorra des Abends.

Siehe, o Christenmensch, diesen Grund des Geheimnisses der Dreieinigkeit! « Und der Herr ging hin, da er mit Abraham ausgeredet hatte »[6], so sagt die Genesis. « Und der Herr ging hin »[7] das ist einer innerhalb ihrer Einheit. Und von den Dreien waren zwei, die Engel genannt wurden, der Sohn und der heilige Geist, als drei einer und als einer drei. Der Dritte aber verbarg sich im Hause Abrahams; den sah er nicht mehr, wie er ihn zur Mittagsstunde gesehen hatte, da er sass an der Tür seiner Hütte. Als er seine Augen aufhob, sah er drei Männer, und das war der Vater und der Sohn und der heilige Geist. « Und Abraham kehrte wieder um an seinen Ort. Jene zwei Engel kamen gen Sodom des Abends. »[8]

Erkenne, o Christenmensch, diesen Grund des Geheimnisses der Dreieinigkeit! Zu einer anderen Zeit gelangten jene zwei Engel, das ist der Sohn und der heilige Geist, nicht nach Sodom und
* p. 78 Gomorra. Es heisst da zwar * : « Da standen jene zwei Männer auf von dannen und wandten sich gen Sodom und Gomorra »[9] und ferner : « Als jene zwei Männer sich von dort umwandten, gingen sie gen Sodom und Gomorra »[10], doch wo die Genesis dies alles sagt, da gelangten sie noch nicht nach Sodom und Gomorra; sie trennten

[1] *Gen.*, XVIII, 22. [2] *Ex.*, XV, 18. [3] *Gen.*, XVIII, 23. [4] *Ibid.* [5] *Ibid.*, 32-33. [6] *Ibid.* [7] *Ibid.* [8] *Ibid.*, 33 - XIX, 1. [9] *Gen.*, XVIII, 16. [10] *Ibid.*, 22.

sich noch nicht von Abraham, bis « der Herr hinging » [1], einer in seiner Einheit. Die zwei aber, die Engel genannt wurden, waren der Sohn und der heilige Geist. Erst nachdem sie von Abraham weggegangen waren, « kamen sie gen Sodom und Gomorra des Abends; Lot aber sass im Tor von Sodom. Und da er sie sah, stand er auf, ging ihnen entgegen und sprach zu ihnen : Meine Herrn, kehret doch ein bei eurem Knecht und bleibet über Nacht; lasset eure Füsse waschen, so stehet ihr morgens früh auf und ziehet eure Strasse. Aber sie sprachen : Nein, sondern wir wollen über Nacht auf der Gasse bleiben. Da fiel er vor ihnen auf sein Angesicht nieder und nötigte sie sehr; und sie kehrten zu ihm ein und kamen in sein Haus. Und er buk ihnen ungesäuerte Kuchen und gab ihnen zu trinken; und sie assen. » [2]

Siehe, o Christenmensch, diesen Grund des Geheimnisses der Dreieinigkeit! Abraham bückte sich zuerst vor ihnen zugleich, sprach zu ihnen : « Meine Herren! » [3] und wusch ihnen die Füsse. Sie aber assen in seinem Hause, was er ihnen vorsetzte. Und Lot, der Gerechte, da er sie sah, stand auf, ging ihnen entgegen und sprach zu ihnen : « Meine Herren! » [4] Dann fiel er vor ihnen auf sein Angesicht nieder und nötigte sie sehr, bis sie in sein Haus kamen und in seinem Hause ungesäuerte Kuchen assen; und er gab ihnen zu trinken. Wann beugten sich jemals die gerechten Propheten zugleich vor den Engeln ausser vor Gott allein? Wann wurde Gott zugleich mit den Engeln verehrt? Vor allem gib mir diesen wichtigen Grund des Geheimnisses der Dreieinigkeit an, o Mensch, der du leugnest! Wann redete Gott jemals zugleich mit den Engeln in einem Wort? Wann wusch man Gott mit den Engeln zugleich die Füsse? Und wann ass Gott zugleich mit den Engeln und redete zugleich (mit den Engeln) mit ihm, * als sie zu ihm sprachen : * p. 79
« Tue also! » [5]? Ferner sprachen sie zu ihm : « Wo ist dein Weib Sara? » [6] Abraham antwortete ihnen : « Drinnen in der Hütte. » [7] Ferner erschien der Herr damals in seiner Einheit und sprach zu ihm : « Wenn ich zurückkehre, will ich wieder zu dir kommen über ein Jahr, so soll Sara einen Sohn haben. » [8] Wann vereinigten sich Engel jemals mit Gott zugleich zu reden? Und wann redete einer von den Propheten die Engel zugleich mit Gott mit « ihr » an, wie Abraham tat? « Und Abraham antwortete ihnen : Sie ist drinnen

1 *Gen.*, XVIII, 33. 2 *Gen.*, XIX, 1-3. 3 *Gen.*, XVIII, 3. 4 *Gen.*, XIX, 2.
5 *Gen.*, XVIII, 5. 6 *Ibid.*, 9. 7 *Ibid.* 8 *Ibid.*, 10.

in der Hütte. »[1] Ferner sprach Abraham zu ihnen, indem er sich auf die Erde niederbückte : « Meine Herren! »[2] Behaupte so etwas ja nicht, o Christenmensch! Das wäre lästerlich gegen Gott. Geziemt es sich doch, sich zu Ehren des Namens des Herrn zu beugen, aber nur vor Gott, dem Schöpfer aller Welt! Würdest du dich etwa getrauen, dies zu einem irdischen König zu sagen : « Mit dir sitzen deine Knechte zugleich auf deinem Thron, du lässt dich zugleich mit deinen Knechten waschen und isst zugleich mit deinen Fürsten, also redest du auch zugleich mit deinen Knechten »? Wenn du das zu einem Könige sagtest, würde dich harte Strafe treffen. Du aber, o Mensch, der du leugnest, verachtest die Macht Gottes, wenn du behauptest, als sie zu Abraham sprachen « Tue also! »[3], es seien die Engel zugleich mit Gott gewesen. Willst du so die Engel mit dem Herrn Zebaoth gleichsetzen? Damit verachtest du eben die Macht Gottes!

Höre zudem ferner diesen wichtigen Grund des Geheimnisses der Dreieinigkeit, o Mensch, der du leugnest, du Leugner, wie die Apostel den gerechten Lot einen Gerechten nannten : « Lot, den Gerechten, aber, der von denen belästigt wurde, die sich in ihrem ehebrecherischen Tun schuldig machten, errettete er. »[4] Jener hatte sie nämlich in ihrer Dreiheit und Einheit erkannt und sprach zu ihnen im Glauben an ihre Dreieinigkeit : « Bitte, meine Herren! »[5], wie Abraham zu ihnen in ihrer Dreiheit sprach: « Meine Herren! »[6] Lot, der Gerechte, sprach also zu ihnen: « Meine Herren! »[7], bückte * p. 80 sich und kniete vor ihrer Dreieinigkeit. Ferner erkannte * Lot, der Gerechte, sie in ihrer Einheit, da er sprach : « Denn ich habe Gnade vor dir gefunden, und du hast deine Barmherzigkeit mit mir gross gemacht, dass du meine Seele leben lässt. »[8] Höre noch weiter, o Christenmensch, wie er nach der Aussage der Genesis in Einheit zu ihm sprach : « Ich habe deine Person zur Rettung bestimmt. »[9] Und dann heisst es : « Ich will diese Stadt nicht umkehren, von der du zu mir geredet hast; darum beeile dich und rette dich dahin! »[10] Ferner siehe, o Christenmensch, wie die heilige Genesis diese beiden Engel Gott nennt : « Gott liess regnen auf Sodom und Gomorra Feuer und Schwefel von dem Herrn vom Himmel. »[11] Wenn die Genesis dir sagt : « Gott liess regnen »[12], so

[1] *Gen.*, XVIII, 10. [2] *Ibid.*, 3. [3] *Ibid.*, 5. [4] II *Petr.*, II, 7. [5] *Gen.*, XIX, 2. [6] *Gen.*, XVIII, 3. [7] *Gen.*, XIX, 2. [8] *Ibid.*, 19. [9] *Ibid.*, 17. [10] *Ibid.*, 21. [11] *Ibid.*, 24. [12] *Ibid.*

sind das diese beiden, die Engel genannt wurden, aber keine Engel waren, sondern der Sohn und der heilige Geist. Und wenn sie dir dann noch weiter sagt : « Von dem Herrn vom Himmel »[1], so ist das eben der Vater, der sich im Hause des Propheten Abraham verborgen hatte. Wir aber glauben und beugen uns vor dem Vater und dem Sohne und dem heiligen Geiste, die da als einer zu dreien und als dreie in einem zum Hause Abrahams gekommen sind und das Gastmahl von seiner Hand gegessen haben, das sind der Vater und der Sohn und der heilige Geist.

Ferner höre noch, o Christenmensch, diesen wichtigen Grund des Geheimnisses der Dreieinigkeit; o Christ, der du dem Widerspruch entgegnen sollst, vernimm und merke auf! Zuerst werden sie in der Genesis zwei Männer genannt, dann heissen sie im Buch der Jubiläen zwei Engel, das ist der Engel des Angesichts und der Engel der Heiligung. So berichtet davon das Buch der Jubiläen, indem es folgendermassen von dem Sohne und dem heiligen Geiste spricht, die da Engel des Angesichts und Engel der Heiligung genannt werden : « Am Neumond des vierten Monats erschienen wir dem Abraham bei der Eiche von Mamre, redeten mit ihm und taten ihm kund, dass ihm von Sara, seinem Weibe, ein Sohn geschenkt werden würde. Und Sara lachte, da sie hörte, wie wir dies mit Abraham sprachen. * Da wiesen wir sie zurecht; und sie * p. 81
fürchtete sich und leugnete, dass sie über das Wort gelacht habe. Und wir sagten ihr den Namen ihres Sohnes, wie sein Name in der Schrift, auf der Tafel des Himmels, verordnet ist : Isaak. Und wann wir zur bestimmten Zeit zu ihr zurückkehren würden, dann hätte sie ihren Sohn empfangen. In diesem Monat aber vollzog der Herr das Gericht an Sodom und Gomorra und Zeboim und dem ganzen Jordanlande und verbrannte sie mit Feuer und Schwefel. »[2] Darum sollen zu Schimpf und Schanden werden, die da von den beiden Engeln, welche nach Sodom und Gomorra gingen, behaupten, die beiden seien geschaffene Engel. Siehe, im Gesetz und im Buch der Jubiläen ist die Persönlichkeit der Dreieinigkeit und die Einheit der Gottheit ganz klar verdeutlicht, wie die Genesis sagt : « Da sprach der Herr : Ich will vor meinem Knecht Abraham nicht verbergen, was ich tue. »[3] Und ferner heisst es : « Der Herr sprach zu Abraham : Wenn ich über ein Jahr zu dir zurückkehre, so soll Sara einen Sohn bekommen. »[4] Zuvor sagt die Genesis, der Herr sei

[1] *Gen.*, XIX, 24. [2] *Jub.*, XVI, 1-5. [3] *Gen.*, XVIII, 17. [4] *Ibid.*, 10.

Abraham beim Hain Mamre in seiner Dreifaltigkeit erschienen: «Und als er seine Augen aufhob und sah, siehe, da standen drei Männer vor ihm; er bückte sich vor ihnen und sprach zu ihnen : Kehret ein bei eurem Knecht! »[1] Und im Buch der Jubiläen heisst es, dass es drei waren, die da sprachen : « Und wir taten ihm kund, dass ihm von Sara, seinem Weibe, ein Sohn geschenkt werden würde »[2], denn der Person nach waren es drei. Höre, o Christenmensch, wie dir das Buch der Jubiläen deutet : Die in der Genesis Engel genannt werden, sind der Sohn und der heilige Geist!

Höre das Buch der Jubiläen mit dem Herzen, wie es da heisst : « Gott sprach zum Engel des Angesichts : Schreibe für Mose auf von Anfang der Schöpfung, bis wann mein Heiligtum unter ihnen gebaut wird für alle Ewigkeit. Und Gott wird dem Auge eines jeden erscheinen, und ein jeder wird erkennen, dass du der Gott Israels bist und ein Vater allen Kindern Jakobs und König auf dem Berge Zion in alle Ewigkeit; und Zion und Jerusalem werden
* p. 82 heilig sein! »[3] Höre, * o Leugner, « Gott wird dem Auge eines jeden erscheinen »[4] so heisst es von Christus, als er im Fleisch der Maria geboren ward und offenbarlich im Jordan erschien. Da liess sich der heilige Geist auf ihm in Gestalt einer Taube hernieder, und der Vater rief über ihn aus : « Dies ist mein Sohn, an dem ich Wohlgefallen habe! »[5] Während er so vom himmlischen Heiligtum herab sprach, da sah ihn das Auge alles Volks, als er von Johannes getauft wurde. Wahrlich, sie sahen Christus, den Morgenstern, wie er das Fleisch der Maria, zweifältig Jungfrau, anzog. In seiner Gottheit aber kann das Auge eines jeden ihn nicht sehen noch die Schönheit seiner Gestalt bewundern. Wahrlich, es sahen ihn die Augen alles Volks und der Völker, wie uns die Apostel, die geistlichen Tauben, in ihrem Synodus lehren : « Da stieg der heilige Geist auf ihn in Gestalt einer Taube herab, und er erschien vor einem jeden. Und die da standen, legten Zeugnis von ihm ab, indem sie sprachen : Dies ist der Herr in Wahrheit! »[6] Ferner sagen die Apostel in ihrem Synodus : « Da stieg der heilige Geist auf ihn in Gestalt einer Taube herab, während die Zeugen und jedermann das alles sahen und hörten. Und von jenem Tage an sahen ihn die ganze Gemeinde Israel und alles Volk und die Völker, wie er

[1] *Gen.*, XVIII, 1-5. [2] *Jub.*, XVI, 1. [3] *Jub.*, I, 27-28. [4] *Ibid.* [5] *Matth.*, III, 17. [6] *Syn.*, 67.

umherwandelte und lehrte bis zu seiner Kreuzigung. »[1] Ferner heisst es dort : « Und ein jeder wird erkennen, dass du der Gott Israels bist. »[2] An dieser Stelle : « Und ein jeder wird erkennen, dass du der Gott Israels bist » ist « Gott Israels » aber der Herr Jesus Christus, angetan mit dem Fleisch der Maria, wie der Exodus sagt : « Der Herr erschien dem Mose am Berge Sinai bei einem Busch und sprach zu ihm : Ich bin der Gott Abrahams und der Gott Isaaks und der Gott Jakobs. »[3] Den Engeln aber kommt die Bezeichnung Gott nicht zu. « Vater allen Kindern Jakobs »[4] heisst : Vater der erwählten Israeliten, die keinen Götzen dienen. Herr ist er, wie der Exodus sagt; Israel aber « Mein erstgeborener Sohn ».[5] * * p. 83 David sagt : « Abrahams Same, seine Knechte, und Kinder Jakobs, seine Auserwählten! Es ist der Herr, unser Gott! »[6] Siehe doch, o Christ, wer von den Engeln ist, der Vater über Israel heisst, ausser Gott? Und « König auf dem Berge Zion »[7] ist Christus, wie im Propheten gesagt ist : « Der Herr wird König sein ewiglich, dein Gott, Zion, von Geschlecht zu Geschlecht! »[8] Wer ist von den Engeln vorher, der König war, noch nachher, der König sein wird auf dem Berge Zion ausser Christus? Sagt doch der Prophet : « Der Erlöser wird aus Zion kommen. »[9] Wenn es heisst : « Zion und Jerusalem werden heilig sein! »[10], so ist wahrlich Zion und Jerusalem durch das Blut der Seite Christi heilig geworden. Höre, o Christenmensch, welcher Engel ist, der Gott Israels heisst und ein Vater den Kindern Jakobs und König auf dem Berge Zion, ausser Christus, dem Sohne Gottes und der Maria Beker (« Beker » heisst Jungfrau)?

Siehe, o Christenmensch, der Herr ist Christus, der im Hause Abrahams einkehrte und dann im Hause Lots, der da ungesäuerten Kuchen ass[11]. Erstens glich er nach dem Gesetz im Hause Abrahams dem einen von den drei Männern, der da der Sohn ist, « dem Anderen beim Vater »[12], wie ihn Henoch nannte, dem Anderen beim Vater von denen, die dem Abraham in Gestalt von drei Männern erschienen. Zweitens glich er dem Engel des Angesichts, als er dem Mose das Kapitel über die Jubelzeiten aufschrieb[13]. Und er erklärt von sich selber, wie er zum Hause Abrahams zu Besuch

[1] *Syn.*, 67. [2] *Jub.*, I, 28. [3] *Ex.*, III, 6. [4] *Jub.*, I, 28. [5] *Ex.*, IV, 22. [6] *Ps.*, CIV, 6-7. [7] *Jub.*, I, 28. [8] *Ps.*, CXLV, 10. [9] *Is.*, LIX, 20. [10] *Jub.*, I, 28. [11] *Gen.*, XVIII, 8; XIX, 3. [12] *Hen.*, XLVI, 1. [13] *Jub.*, I, 27-28.

gekommen sei [1]. Drittens glich er den vielen heiligen Erzengeln, da er die Himmel durchbrach, von seiner Höhe, der Stätte der Wachedienenden, herabzusteigen, um im Schosse der Maria, zweifältig Jungfrau, der Tochter Davids und Salomos, Wohnung zu nehmen, wie unser Herr Jesus Christus seinen Jüngern im Testament verkündigt hat. Die Apostel haben uns Christen also geschrieben : « Da sprach unser Herr und Heiland zu uns : Stehet auf, ich will euch offenbaren, was in den Himmeln und über den (* p. 84) Himmeln ist * sowie eure Auferstehung zum Himmelreich! Dazu hat mich mein Vater gesandt, dass ich euch hinaufführe und die an mich glauben. Dies ist nun, was er uns offenbarte, wie er zu uns sprach : Als ich vom Vater kam, alle Himmel durchbrach, die Weisheit und Kraft des Vaters anzog und mich in seine Kraft einhüllte, da gehörte ich zu den Himmeln, Engeln und Erzengeln. Indem ich in ihrer Gestalt wie einer von ihnen einherfuhr, habe ich alle Herrschaften, Mächte und Gewalten durchbrochen. Da ich das Mass der Weisheit des Vaters besass, zog ich auch die Kraft dessen an, der mich gesandt hat. Und die Erzengel Michael und Gabriel, Uriel und Raphael folgten mir bis zur fünften Himmelsfeste, indem ich ihnen wie einer von ihnen schien. Solch eine Kraft ist mir vom Vater gegeben worden. Alsdann habe ich die Erzengel durch das Wort erbeben machen, auf dass sie zum Altar des Vaters gingen, ihren Dienst zu verrichten, bis ich zu ihm zurückkehre. So tat ich nach seiner Weisheit, denn ich war in allem alles wie sie, um nach Vollendung des barmherzigen Willens des Vaters und der Herrlichkeit dessen, der mich gesandt hat, zu ihm zurückzukehren. » [2] Siehe also, o Christenmensch, wie der Sohn den heiligen Erzengeln glich, da er die Himmel durchbrach, um auf Maria, zweifältig Jungfrau. herabzusteigen, wie Henoch und Daniel die Geburt Christi, des Morgensterns, festsetzten, dass er ihr Fleisch von einem reinen Körper anzöge. Viertens glich er dem Erzengel Gabriel, als er der Maria, zweifältig Jungfrau, die frohe Botschaft verkündigte, wie uns die Apostel, die Boten des Evangeliums, lehren : « Unser Herr sprach zu uns : Wisset ihr denn nicht, dass der Engel Gabriel gekommen ist und der Maria eine Botschaft verkündigt hat? Wir antworteten ihm : Ja, o Herr. Und er sprach weiter zu uns : Erinnert ihr euch nicht, wie ich euch zuvor sagte,

1 *Jub.*, XVI, 1-4; 15-19. 2 II *Test.*, 23 s.

dass ich den Engeln wie ein Engel ward? Wir antworteten ihm : Ja, o Herr. Da sprach er zu uns : Damals erschien ich der Maria in Gestalt des Erzengels Gabriel und redete mit ihr. Alsbald wurde ihr Herz * ergriffen, und sie glaubte und lachte. Da bin ich, das * p. 85 Wort, bei ihr eingegangen, bin Fleisch geworden und zum Boten meinerselbst, an Gestalt wie ein Engel. » [1] Betrachte, o Christ, diesen Grund des Geheimnisses der Dreieinigkeit, freue dich und frohlocke darüber, denn begründet ist das Geheimnis der Dreieinigkeit im Alten und Neuen Testament, leuchtend wie die Sonne; und der Leugner kann es nicht bestreiten, denn das Wort des Alten und des Neuen Testaments ist eins.

Ferner höre über den heiligen Geist! Erstens glich er nach dem Gesetz im Hause Abrahams von den drei Männern dem dritten, das war der heilige Geist, von denen nämlich, die dem Abraham in Gestalt von drei Männern erschienen waren [2]. Zweitens glich er dem Engel der Heiligung, wie das Buch der Jubiläen berichtet : « Am Neumond des vierten Monats erschienen wir dem Abraham bei der Eiche von Mamre, redeten mit ihm und taten ihm kund, dass ihm von Sara, seinem Weibe, ein Sohn geschenkt werden würde. Und Sara lachte, da sie hörte, dass wir dieses Wort mit Abraham redeten. Da wiesen wir sie zurecht; und sie fürchtete sich und leugnete, dass sie über das Wort gelacht habe. Und wir sagten ihr den Namen ihres Sohnes, wie sein Name auf der Tafel des Himmels verordnet und geschrieben steht : Isaak. Und wann wir zur bestimmten Zeit zu ihr zurückkehren würden, dann hätte sie ihren Sohn empfangen. In diesem Monat aber vollzog der Herr das Gericht an Sodom und Gomorra und Zeboim und dem ganzen Jordanlande und verbrannte sie mit Feuer und Schwefel. » [3] Drittens glich er in seiner fleischlichen Gestalt einer weissen Taube um der Offenbarung seinerselbst und der Ehre der Menschwerdung des Sohnes willen, als er sich auf dem Haupte unseres Herrn Jesus Christus niederliess [4]. Dessen Bild und Gleichnis ist nicht wie eine Taube, sondern sein Bild und Gleichnis ist wie ein Mensch, wie die Genesis sagt : « Gott schuf den Menschen nach seinem Bilde und Gleichnis. » [5]

Ferner höre, o Christenmensch, diesen Grund des Geheimnisses der Dreieinigkeit, wie ihn das Buch der Jubiläen kundtut : * * p. 86

[1] II *Test.*, 25. [2] *Gen.*, XVIII, 2. [3] *Jub.*, XVI, 1-5. [4] *Matth.*, III, 16.
[5] *Gen.*, I, 26.

« Er sagte uns dies, wir sollten mit ihm Sabbat halten im Himmel und auf Erden. »[1] Denn der heilige Geist glich einem Geschöpf, obgleich er Schöpfer ist, und er glich dem Engel der Heiligung, und der Sohn glich dem geschaffenen Engel des Angesichts, obgleich er Schöpfer ist. Wenn sie auch Schöpfer sind, so glichen sie doch Geschöpfen. Die geschaffenen Engel aber haben keinen Sabbat im Himmel und auf Erden. Sie ruhten früher nicht, noch werden sie fürderhin ruhen. Sie stehen je in der Ordnung aller Engel. Auch die Engel des Angesichts und die Engel der Heiligung machen keine Ausnahme, sie haben keinen Sabbat. Denn von denen es da heisst : « Er sagte uns dies, wir sollten mit ihm Sabbat halten im Himmel und auf Erden, — und wir ruhten mit ihm am siebenten Tage »[2], das waren der Sohn und der heilige Geist, die mit dem Vater zusammen ruhten, als sie mit ihm ihr ganzes Schöpfungswerk vollendet hatten. Da hatten aber die Engel keine Ruhe vom Dienst des Höchsten, denn der Höchste sendet alle Engel, seine Diener, zu wem er will. Dass alle Engel des Himmels Sabbat hielten, berichten die Bücher Gottes uns also nicht. Freue dich und frohlocke über die Dreieinigkeit, o evangelischer Christenmensch, denn schriftlich bezeugt ist dir das Geheimnis der Dreifaltigkeit je nach ihrer Person und gebaut ist dir das Haus ihrer Dreieinigkeit. Darum kehre darin auch ein im Vertrauen auf die Dreieinigkeit, in dem Hause ihrer Hochzeit, nähre dich dort von dem Lamm des Evangeliums aus seiner Schlachtung und trinke sein Blut, das Blut der Gottheit, das aus seiner Seite floss! Denn dem teuflischen Leugner soll der Mund gestopft werden im Namen der Dreieinigkeit und sein Maul soll geschlossen bleiben samt dem eines jeden Menschen, jedes einzelnen, der seinen Schöpfer mit den geschaffenen Engeln vergleicht und gleichsetzt, von Ewigkeit zu Ewigkeit, Amen und Amen, so sei es, um des Fleisches und Blutes Christi willen, so sei es, so sei es!

Ferner höre, o Christenmensch, und merke auf, der du im Namen der Dreieinigkeit getauft bist, vernimm und erkenne das tiefe Geheimnis der Dreieinigkeit, wie es Abraham, der Prophet, erkannte und sich vor der Dreieinigkeit in Gerechtigkeit bückte[3]. Abraham
* p. 87 aber erkannte ihre Dreiheit und ihre Einheit, dass sie * als drei einer und als einer drei mehrmals mit ihm in Einheit und mehr-

[1] *Jub.*, II, 18. [2] *Ibid.* [3] *Gen.*, XVIII, 2.

mals mit ihm in ihrer Dreiheit geredet hatten. Auch bei Lot, dem Gerechten, redeten sie ebenso mit diesem in Einheit und in ihrer Dreiheit, als sie ihn von dem Feuer des Zorns erretteten, wie Mose, der Knecht Gottes, schreibt, der das Meer teilte und die Stiftshütte errichtete [1]. Höre, o Christenmensch, auch die Apostel lehren uns das in ihrer Didaskalie, der Lehre des rechten Glaubens, und deuten es, da sie den Tröster als Feuer getrunken haben : « Nach zehn Tagen, nachdem er aufgefahren war, war die Erfüllung der Pfingsten; denn an jenem Tage um die dritte Stunde sandte uns Jesus Christus den Tröster, die Gabe des heiligen Geistes, und erfüllte uns mit seiner Kraft, und wir redeten mit neuen Zungen und predigten den Juden und Heiden, dass Jesus Christus der Messias Gottes ist, der Macht hat, zu richten die Lebendigen und die Toten. Von ihm war auch Mose Zeuge und sprach, dass der Herr Gott Feuer nahm und regnen liess. » [2] Merke, o Christenmensch, auf das Geheimnis der Dreieinigkeit! Das Gesetz sagt : « Der Herr liess Feuer regnen auf Sodom und Gomorra, Feuer und Schwefel von dem Herrn im Himmel. » [3] Und die Apostel deuten dieses Wort in ihrer Didaskalie und nicht wir, da wir es etwa falsch deuten würden, die Apostel also, die den Tröster getrunken haben, deuten es in ihrer Didaskalie folgendermassen : « Von ihm war auch Mose Zeuge und sprach, dass der Herr Gott Feuer nahm und regnen liess. » [4] Ebenso sah ihn Jakob in Gestalt eines Mannes und sprach : « Ich habe Gott von Angesicht zu Angesicht gesehen, und meine Seele ist genesen. » [5] Auch Abraham nahm ihn wie einen Gast auf und glaubte, dass es Gott war. Das war der Fürst über die Streitkräfte des Herrn, den Josua, der Sohn des Nun, sah, und ausserdem war es der Starke mit der Waffe, der ihm bei Jericho zu Hilfe kam, woraufhin sich Josua vor ihm bückte, wie sich ein Knecht vor seinem Herrn bückt [6]. Ferner war es der, * von dem (* p. 88) Samuel, der Prophet, erkannte, dass er Christus, der Messias Gottes, ist [7]. Ausserdem nannten Priester und Könige ihn Messias. Überdies war es der, den David erkannte, und er sprach in Furcht den Lobpreis des Geliebten : « Mein Herz dichtet ein feines Lied usw. » [8] Merke auf, o Christenmensch, dass du nicht behauptest, jene zwei, die gen Sodom und Gomorra hinabstiegen, seien geschaffene Engel

[1] *Gen.*, XIX, 1-3. [2] *Did.*, V, 20. [3] *Gen.*, XIX, 24. [4] *Did.*, V, 20. [5] *Gen.*, XXXII, 30. [6] *Jos.*, V, 13-16. [7] I *Reg.*, II, 10. [8] *Ps.*, XLIV, 2.

gewesen! Die Apostel schreiben in ihrer Didaskalie, dass es Christus ist : « Von ihm war auch Mose Zeuge und sprach, dass der Herr Gott Feuer nahm und regnen liess. »[1] Uns aber, die wir an diese Dreieinigkeit glauben, mache Christus im Namen der Dreieinigkeit versiegelt und auf dem Felsen des Glaubens stehend, auf dass wir in allem Werk des Guten vollendet seien! Und jeder, der nicht an diese Dreieinigkeit glaubt, sei durch den Mund des Vaters und des Sohnes und des heiligen Geistes verdammt, von Ewigkeit zu Ewigkeit, Amen, so sei es, um des Fleisches und Blutes Christi willen, so sei es, so sei es!

Folgt das *Buch der Dreieinigkeit,* Variante c).

VII

DIE LESUNG AM 29. GENBOT

Im Namen des Vaters und des Sohnes und des heiligen Geistes, eines Gottes in heiliger Dreifaltigkeit, daran ich glaube und darin ich mich berge, dir aber, Satan, absage vor dieser meiner Mutter, der Kirche, da mein Bekenntnis Maria Zion ist, Amen.

Dieses Lehrstück wird am 29. Genbot (5. VI.) verlesen, dem Fest der Geburt unseres Herrn aus Maria, der Tochter Davids, in zweifältiger Jungfrauschaft an ihrem ganzen Fleische versiegelt. Mögen
* p. 89 wir doch durch ihr Gebet von einem raschen Tode * und von der Hölle, der Flamme des Feuers, errettet werden in Ewigkeit, Amen, um des Fleisches und Blutes Christi willen, so sei es, so sei es!

Ich hebe meine Augen auf zu den Bergen und Hügeln, deren Grund auf den Felsen des Glaubens gelegt ist, als da sind die Propheten und Apostel, deren Rede süss wie ein Bach von Milch und Honig ist, auf dass ich Knospe des Kummers vom Vater lerne, mit gelehrtem Geist das Satansopfer als Christ zu unterlassen und keinen abscheulichen Satansdienst zu treiben, der schlimmer ist als jede Sünde. Davor bewahre uns Gott in der Macht seiner Wunderkraft, von Ewigkeit zu Ewigkeit, Amen und Amen, um des Fleisches und Blutes Christi willen, so sei es, so sei es!

[1] *Did.*, v, 20.

Höret mich, all ihr Christenvolk, auf, steigen wir auf den Berg von Myrrhen und auf die Hügel von Weihrauch, das Geheimnis der Dreieinigkeit, den Weg des Lichts, zu lernen! Wer das Geheimnis der Dreieinigkeit nicht kennt, kann nicht Christ sein. Um seines Fleisches und Blutes willen lehre uns Jesus Christus das Geheimnis seiner Dreieinigkeit, uns gläubige Männer und Frauen alle, von Ewigkeit zu Ewigkeit, Amen, so sei es, um des Fleisches und Blutes Christi willen, so sei es, so sei es!

Ferner noch höret ihr alle, Christenvolk, eine furchtbare und schreckliche Kunde! Es gibt Leute, die behaupten : Der Vater spricht kein Wort und redet nicht, und der heilige Geist spricht kein Wort und redet nicht. Wer so etwas behauptet, ist der Oberste der Leugner, grösser als alle Leugner zusammen. Nach ihrer Behauptung nennen sie Christus zwar das Wort des Vaters wie wir Christen alle, aber umgekehrt leugnen sie ihn und behaupten, der Vater spreche nicht durch Christus, das erste Wort. Wer so spricht, ist das ein Mensch von Einsicht und Wissen? Denn wenn jemandes Wort geredet wird, so spricht er doch durch jenes Wort, sei es ein Engel, ein Mensch oder ein Tier! Du aber, * o Christen- * p. 90
mensch, betrachte zuerst mit den Augen des Geistes die Erscheinung des Vaters und des Sohnes und des heiligen Geistes in drei Gestalten, drei Bildern und drei Personen mit ihren drei Zungen und drei Herzen! Was wir zum Bilde sagen, ist das : Wie unser Herr das Fleisch von Maria, zweifältig Jungfrau, annahm, als ein vollkommenes Bild, so war das Bild Christi, des Sohnes Gottes, nicht mehr und nicht weniger als das Bild des geschaffenen Adam. Wie Gott den ersten Menschen nach seinem Bilde und Gleichnis schuf, so machte er auch ihn ihm gleich nach seinem ganzen Bilde, indem sich das Fleisch aus der reinen Maria mit der Gottheit vereinigte; und es wurde einer daraus ohne Vermischung. In jenem Fleisch wurde er gekreuzigt, starb er und stand am dritten Tage wieder auf, fuhr gen Himmel und setzte sich zur Rechten des Vaters. Der Vater, der kein Fleisch anzog, und der heilige Geist, der kein Fleisch anzog, gleichen ihm, dem Sohn, in Bild und Gleichnis. Das ganze Bild, das auf Adam zutrifft, ist im Vater und im Sohne und im heiligen Geiste, sei es der Kopf oder das Angesicht, die Augen, die Ohren oder die Nase, die Lippen und Zähne, sei es die Zunge oder die Hände und Finger, sei es das Herz dem Bilde nach oder die Füsse und Zehen. Nach all diesem und dergleichen,

dem ganzen Bilde Gottes, nach dem ganzen Aussehen Gottes und nach dem ganzen Gleichnis Gottes schuf der Herr den Menschen und machte ihn nach seinem Bilde und Gleichnis, wie die Genesis sagt : « Gott schuf ihn nach seinem Bilde und Gleichnis. »[1] Und vom Herzen gilt, was wir zuvor in dem Buche, das « Pforte der Sonne » heisst, geschrieben haben : « Ihr Herz ist eins, ihr Sinn ist einer, und ihr Rat ist einer, ihre Herrschaft ist eine, und ihre Gewalt ist eine. »[2] Das sagen wir über die Einheit Gottes, wie uns unser Herr im Evangelium lehrt, als auf die Frage
* p. 91 des Schriftgelehrten Jesus diesem verkündigte : « Höre, * Israel, der Herr, dein Gott, ist einer; du sollst lieben den Herrn, deinen Gott, mit deinem ganzen Herzen, mit deiner ganzen Seele, mit deinem ganzen Gemüte und mit aller deiner Kraft; und du sollst deinen Nächsten lieben wie dich selbst. »[3] Siehe, o Christenmensch, dem Bilde nach sind sie drei, der Person nach drei und der Gestalt nach drei, ihrem Herzen nach drei und ihrer Zunge nach drei. In der Einheit Gottes aber ist ihr Herz und ihre Sprache eins, wie Er Ihn nennt : « Der Herr ist einer. »[4]

Der Vater nach seiner Person, seinem Bilde und seiner Gestalt heisst Herr, der Sohn nach seiner Person, seinem Bilde und seiner Gestalt heisst Herr, und der heilige Geist nach seiner Person, seinem Bilde und seiner Gestalt heisst Herr. In der Einheit aber heisst er ein Gott; da ist also keine Rede von drei Göttern. Das Herz ist ebenso in der Einheit Gottes eins, dem Bilde nach aber sind es drei. Der Herr, unser Gott, ist also als einer drei und als drei einer; ein Geschöpf hingegen kann nicht als eins drei und als drei eins sein. Siehe, o Christenmensch, dir ist dieses Geheimnis nicht verborgen, sondern offen steht dir der Weg dahin! In drei Personen, in drei Bildern und in drei Gestalten besteht die heilige Dreifaltigkeit. In der Einheit Gottes und in der Einheit der Gottheit ist der Herr einer.

Siehe, o Christenmensch, mit den Augen des Geistes jene drei Herren! Sah sie doch auch Abraham deutlich in drei Bildern, in drei Personen und in drei Gestalten und sprach zu ihnen « Meine Herren! »[5] und bückte sich vor ihnen zugleich mit seinem

[1] *Gen.*, I, 27. [2] Aus dem *Maṣḥafa Sellāsē*, dem *Buch der Dreieinigkeit*, siehe Text p. 14, lin. 7-10 und Übersetzung, p. 12, lin. 29-31. [3] *Marc.*, XII, 29-31. [4] *Ibid.* [5] *Gen.*, XVIII, 3.

Haupte. Ferner nannte der Donnersohn Johannes sie Herren, wie der Engel ihm verkündigte : « Der Knecht deiner Herren bin ich und deiner Brüder, der Propheten. »[1] Siehe, o Christenmensch, der Herr also, unser Gott, ist als einer drei und als drei einer! Du aber, o evangelischer Christenmensch, behaupte nicht : * [p. 92] Der Vater spricht nicht, und der heilige Geist spricht nicht, der Sohn allein spricht! Wenn du aber so sprichst, dann bist du der Oberste der Leugner und wirst doppelzüngig genannt. Mit deiner Zunge nennst du Christus das Wort des Vaters und behauptest dann wieder mit deiner Zunge, der Vater spreche nicht durch Christus, das erste Wort. So etwas kannst du doch nicht in einem Atemzuge aussagen ! Wir aber sagen : Der Vater spricht durch sein Wort und seinen Geist; der Sohn, das Wort, spricht durch sich selbst und seinen Geist, und der heilige Geist spricht durch sein Wort und sich selbst. Das Wort aber ist eins; das des Vaters und des heiligen Geistes ist also der Sohn. Auch der heilige Geist ist einer, das ist der Tröster, der Geist des Vaters und des Sohnes; und der heilige Geist, das sind nicht zwei und nicht drei, sondern ist einer. Und das Wort, das sind nicht zwei und nicht drei, sondern ist ein Wort, das erste, das ist Jesus Christus, das Wort des Vaters und des heiligen Geistes.

Höre doch, o Christenmensch, wie es dir der Donnersohn, der Theologe, in seinem Evangelium deutlich klarmacht, dass Jesus Christus das Wort des Vaters und des heiligen Geistes ist : « Im Anfang war das Wort. »[2] Wenn er « Im Anfang war das Wort »[3] sagt, so ist das Christus, das ist der Sohn des Vaters und also auch das Wort des Vaters. « Und das Wort war bei Gott. »[4] Wenn er «Und das Wort war bei Gott»[5] sagt, so ist «das Wort» Christus, und « Es war bei Gott » heisst bei Gott Vater, seinem Vater. « Und Gott war das Wort »[6]. Wenn er « Und Gott war das Wort »[7] sagt, so meint Johannes eben von Jesus Christus, dass Gott das Wort war. Ferner sagt Johannes von dem heiligen Geist, dem Tröster: « Dasselbe war im Anfang bei Gott. »[8] Das sagt Johannes von dem Wort des Trösters : Wie Christus das erste Wort, bei dem * [p. 93] Vater war, sagt Johannes, so war Christus ebenso das Wort bei dem Tröster, dem heiligen Geist.

Warum denn, o christ-evangelischer Christenmensch, warum be-

1 *Apoc.*, XXII, 9. 2 *Jo.*, I, 1. 3 *Ibid.* 4 *Ibid.* 5 *Ibid.* 6 *Ibid.* 7 *Ibid.* 8 *Ibid.*, 2.

hauptest du, der Vater und der heilige Geist sprechen nicht, wo doch Johannes von Christus, dem ersten Wort, ausdrücklich sagt : « Im Anfang war es » [1] und « Das Wort war bei Gott »? [2]

Sage mir doch, o Leugner, was Johannes sonst damit meint : « Und das Wort war bei Gott! » Wie kannst du denn da von dem Vater behaupten, er spreche nicht, wenn Christus, das erste Wort, bei ihm war, durch das sein Vater sprach, und wenn der Sohn in seinem Evangelium von sich selbst und seinem Vater sagt : « Ich und mein Vater, wir sind eins! » [3] Ferner sagt unser Herr im Testament : « Ich bin ganz im Vater, und der Vater ist in mir. » [4] Wie kannst du, o Leugner, nur behaupten, der Vater spreche nicht, wo doch Christus, das erste Wort, ganz bei seinem Vater ist und sein Vater ganz bei dem Sohne, dem Worte des Vaters, und der Tröster, der heilige Geist, ganz bei dem Vater und dem Sohne, der Vater und der Sohn aber ganz bei dem Tröster sind! Das Evangelium sagt : « Ich und mein Vater, wird sind eins » [5], und deshalb heisst es auch : sie sind gefasst im Band der Dreieinigkeit. Wie kannst du, o Leugner, nur behaupten, das eine Wort sei bei dem Vater und das andere bei dem heiligen Geist; Christus aber, das erste Wort, sei es nicht, wodurch der Vater und der heilige Geist sprechen! Damit aber hast du Leugner eine Spaltung der Dreieinigkeit vorgenommen. Wie kannst du, o Leugner, nur behaupten, der heilige Geist, der Tröster, spreche nicht, wo doch Johannes in seinem Evangelium selbst ausdrücklich sagt : « Dasselbe war im Anfang bei Gott! » [6]
* p. 94 Wenn Johannes das sagt : « Dasselbe war im Anfang bei Gott » [7], * so meint er mit « Es war bei Gott » : es war bei dem Tröster, dem heiligen Geist, nämlich Christus, das erste Wort.

Anders als bei den Schöpfern, dem Vater und dem heiligen Geiste, gibt es doch nur bei den geschaffenen himmlischen Engeln und den irdischen Menschen jemand, der kein Wort spricht. Wer aber von allerlei Menschenkindern stumm ist, der spricht kein einziges Wort. Wie wagst du zu erklären, jene Aussage sei eine Lästerung wider die Dreieinigkeit, während du behauptest, der Vater und der heilige Geist sprechen nicht? Dabei verkündigt Johannes in seinem Evangelium selbst ganz klar und deutlich : « Im Anfang war das Wort. Dasselbe war im Anfang bei Gott. Alle Dinge sind durch dasselbe gemacht, und ohne dasselbe ist nichts gemacht, was

[1] *Jo.*, I, 1. [2] *Ibid.* [3] *Jo.*, X, 30. [4] II *Test.*, 28 s. [5] *Jo.*, X, 30.
[6] *Jo.*, I, 2. [7] *Ibid.*

gemacht ist.» [1] Wenn er sagt : « Alle Dinge sind durch dasselbe gemacht » [2], so heisst das : Der Vater und der heilige Geist haben alle Geschöpfe durch ihn geschaffen, das heisst durch Christus, das erste Wort, haben sie sie geschaffen. Wenn Johannes sagt : « Und ohne dasselbe ist nichts gemacht, was gemacht ist» [3], so meint er damit Christus, das erste Wort, das ist Jesus Christus, dessen Name Jota ist nach der Zahl zehn. Ohne ihn aber, durch ein anderes Wort, ist nichts, was sie geschaffen haben, auch rein gar nichts. Alle Geschöpfe haben sie also durch ihn, das heisst durch Christus, das erste Wort, geschaffen. Durch ein anderes Wort aber haben sie nicht ein einziges, durch Christus jedoch, das erste Wort, haben sie alle Geschöpfe geschaffen. Zusammen mit dem Vater und dem heiligen Geist hat Christus, das Wort, alle Geschöpfe geschaffen, wie das Buch des Testaments sagt. In einem Rat mit seinem Vater hat er die Himmel gemacht und die Erde auf dem Wasser gegründet. Ferner sagen die Apostel über Christus, das erste Wort, in ihrem Synodus : « Halleluja, das heisst : Wir preisen den, der Gott ist. Gelobt und gepriesen sei er, der die ganze Welt durch ein Wort gegründet hat! » [4] Siehe, o Leugner, das Wort ist also nicht zwei und nicht drei, sondern * ein erstes Wort, das ist der Sohn! Ausserdem (* p. 95) sagen die Apostel noch in ihrer Didaskalie über Christus, das erste Wort, dass durch ihn der Vater alle Geschöpfe zusammen mit ihm und dem heiligen Geiste geschaffen hat, also durch das eine erste Wort. Sie sagen nämlich : « Bringet Lobpreis, Dank und Ehre dem Herrn dar, der alles durch seinen Sohn Jesus Christus geschaffen hat! » [5] Erkenne, o Christenmensch, dass der Vater durch seinen Sohn alle Geschöpfe geschaffen hat, das ist also Christus, das erste Wort, und das ist Jesus Christus, dessen erster Name Jota ist nach der Zahl zehn! Sage mir ja, o Leugner, der Vater habe durch seinen Sohn Jesus Christus, das ist sein erstes Wort, überhaupt nichts geschaffen! [6] Und wenn du deine Übertretung noch deutlicher zum Ausdruck bringen willst, so lass deinem Munde nur noch eine andere Behauptung entgehen, der Vater habe durch ein anderes Wort geschaffen! Ausserdem höre, wie die Apostel in ihrer Didaskalie sagen : « Gott, der allmächtige Vater, der alle Welt durch Jesus Christus, unseren Heiland, geschaffen hat, hat

[1] *Jo.*, I, 1-3. [2] *Ibid.* [3] *Ibid.* [4] *Syn.*, 37. [5] *Did.*, II, 59. [6] Sinngemäss ist im Text, p. 95, lin. 10, anstatt ፈጠረ ፡ eher ኢፈጠረ ፡ zu lesen.

auch den Sabbat geordnet und ruhte an ihm von all seiner Arbeit. »[1] Merke, o Christenmensch, dass der Vater durch Christus, das erste Wort, alle Geschöpfe geschaffen hat, ausserdem aber auch gar nichts ist, was er durch ein anderes Wort geschaffen hätte! Der Leugner aber, der behauptet, es sei ein anderes, setzt zwei Söhne. Wenn du aber weise, einsichtig und schriftkundig bist, so erkenne an dir selbst, ob du dein eigenes Wort, sei es gut oder böse, einem anderen geben kannst, sofern es dein eigenes Wort ist? Wenn schon einem anderen, Fremden, nicht, so kannst du dein eigenes Wort nicht einmal deinem Weibe oder deinen Kindern geben, sofern es eben dein eigenes Wort ist. Kannst du ferner etwa behaupten : durch dies mein eigenes Wort spreche ich nicht? Nachdem es sich um dein eigenes Wort handelt, kannst du es nicht einem anderen geben. Jemandes Wort aber, nachdem es gesagt ist, kann nicht anstelle eines anderen Wortes gesprochen werden. Der Herr errette
* p. 96 uns von den bösen Leugnern * und dem Glauben der Übertreter, die aus der Ordnung der Propheten und Apostel herausgegangen sind, von Ewigkeit zu Ewigkeit, Amen und Amen, so sei es, um des Fleisches und Blutes Christi willen, so sei es, so sei es!

Höre, o Leugner, neige dein Ohr zur Rede unseres Mundes, und gürte deine Lenden, um uns rechte Antwort zu geben! Du kannst nun nicht mehr ausweichen, ob du nach links oder rechts gehst. Wir aber haben die Lehre des Glaubens von den Aposteln, unseren Vätern. Du, Leugner, musst uns doch ohne weiteres ausdrücklich zugestehen : Uns haben die zwölf Apostel geschrieben samt Jakobus, dem Bruder unseres Herrn, und Paulus, dem auserwählten Rüstzeug, unserem Apostel und Lehrer mit der gesalbten Zunge, uns haben sie in ihrer Didaskalie ein Licht aufgehen lassen, indem sie sprachen : « Der erste Name Jesu ist Jota nach der Zahl zehn. »[2] Wenn die Apostel sagen : « Der erste Name Jesu ist Jota », dann ist wahrlich die Benennung Jota als Name unseres Herrn, Heilandes und Gottes älter als jeder seiner anderen Namen wie Immanuel und Jesus, wie Paulus sagt : « Christus Jesus. »[3] Sein Name Jota war ursprünglich mit den Fingern Gottes, des Vaters, seines Vaters, auf die beiden Steintafeln geschrieben, alsdann übergab ihn Gott dem Propheten Mose, seinem Knecht. Auf ihn gründeten sich Mose und Aaron, seine Priester, und alle

[1] *Did.*, VII, 36. [2] *Did.*, II, 26. [3] Nach dieser Deutung ist also nicht ቀዳሜ ፡, sondern ቀዳሚ ፡ ስሙ ፡ ለኢየሱስ ፡ zu lesen.

Propheten Israels, die Propheten des Herrn. Wenn die Apostel in ihrer Didaskalie sagen : « Der erste Name Jesu ist Jota nach der Zahl zehn »[1], dann deshalb, dass wir davon nicht abweichen und behaupten, das Wort des Vaters und das Wort des heiligen Geistes seien zwei und drei und nicht nur das eine, erste Wort, welches der Sohn, das Wort, ist.

Über das Geheimnis der Lehre von der Dreieinigkeit aber sagen die Apostel, seine Jünger : « Der erste Name Jesu ist Jota nach der Zahl zehn. »[2] Zehnwort[3] nannten sie Jesus Christus, das Wort des Vaters und des heiligen Geistes, Christus allein, * das erste Wort, da sie wussten, dass diese durch ihn, das erste Wort, alle Geschöpfe geschaffen haben. Und so lehren uns die Apostel : « Der erste Name Jesu ist Jota nach der Zahl zehn. »[4] Siehe, o Leugner, die Apostel erkannten, dass da kein anderes Wort bei dem Vater, kein anderes Wort bei dem Sohne und kein anderes Wort bei dem heiligen Geiste ist ausser Christus, dem ersten Wort, allein! Das merkten sie sehr wohl und tranken wie Feuer, was sie das Gesetz lehrte. Zehnwort nannten sie jene Gebote, die der Vater auf dem Berge Sinai verkündigte : « Ich bin der Herr Gott, der ich euch aus Ägyptenland, aus eurem Diensthause, herausgeführt habe (1. Gebot). — Du sollst keinen anderen Göttern dienen ausser mir und dir keinen Götzen machen, weder des, das oben im Himmel, noch des, das unten auf Erden ist (2. Gebot). — Du sollst den Namen des Herrn, deines Schöpfers, nicht unnützlich führen (3. Gebot). — Gedenke des Sabbattages, dass du ihn heiligst (4. Gebot). — Du sollst deinen Vater und deine Mutter ehren (5. Gebot). — Du sollst nicht töten (6. Gebot). — Du sollst nicht ehebrechen (7. Gebot). — Du sollst nicht stehlen (8. Gebot). — Du sollst kein falsch Zeugnis reden wider deinen Nächsten (9. Gebot). — Du sollst nicht begehren deines Nächsten Weib (10. Gebot). »[5] — Diese Worte redete und sprach Gott Vater durch ihn, die zehn Gebote durch Christus Jesus, das erste Wort, das Wort des Vaters. Deshalb nannten die Apostel Christum das erste Wort, Jota nach der Zahl zehn[6], darum dass der Vater durch ihn die zehn Worte sprach und redete, nämlich durch Christus, das erste Wort. Unser Herr aber ehrte auch seinen heiligen und herrlichen Namen im Evangelium des Matthäus, indem er sprach : « Wahrlich, ich sage euch : Bis dass Himmel und Erde zergehe, wird Jota nicht zergehen,

* p. 97

[1] *Did.*, II, 26. [2] *Ibid.* [3] Dekalog. [4] *Did.*, II, 26. [5] *Ex.*, XX, 1-17.
[6] *Did.*, II, 26.

das ist ein Buchstabe und ein Strichlein vom Gesetz und den Propheten, bis dass alles getan und geschehen sein wird. »[1] Denn das Zehnwort wird Jota und Gesetz genannt. Sehr herrlich ist der Name Christi Jesu, wie der König David sagt : « Hehr ist sein
* p. 98 Name vor ihnen. »[2] Und Paulus sagt : « Der Name des Erben * ist geehrt »[3], das ist eben Christus Jesus. Ferner sagt unser Herr im Evangelium des Lukas : « Es ist aber leichter, dass Himmel und Erde vergehen, denn dass ein Wort vom Gesetz falle. »[4] Denn im Evangelium des Matthäus wurden die zehn Gebote Jota genannt, und im Evangelium des Lukas heissen die zehn Gebote Gesetz, das ist also Christus Jesus, durch den der heilige Vater diese zehn Gebote, Recht und Ordnung verkündete. Vom Wort sind die zehn Gebote ausgegangen. Rede und Sprache werden aus dem Wort als eins geboren, so wird auch das Gebot aus dem Wort geboren, sei es Tod oder Leben, sei es Trauer oder Freude. Durch Mose übergab er die zehn Gebote den Kindern Israel, auf dass sie den geistlichen Gottesdienst bewahrten und nicht anderen Göttern dienten. Nachdem die Israeliten sie empfangen hatten, bauten sie dem Herrn die Stiftshütte zum Hause. Und als sie die Bundeslade hereinbrachten, wurde die Stiftshütte des Herrn mit Herrlichkeit erfüllt. Nachdem die Israeliten seine Stiftshütte ihm zum Hause gebaut hatten, wurden sie weitergeführt in der Wolkensäule des Tages und im Feuerschein des Nachts. Er wählte aus ihnen die Leviten als Priester aus, die ihm in seiner Stiftshütte die Morgen- und Abendopfer darbringen sollten. Darin setzte er fest und ordnete an, dass alle Kinder Israel und alle Menschen die zehn Gebote halten sollten, auf dass sie ihm dienen in reinem Gottesdienst und nicht andere Götter verehren. Denn Jota, den ersten Namen unseres Heilands, besang Maria durch den Mund des « Töpfers »[5] von Christus, dem ersten Wort, in ihrem sogenannten Lobpreis, dem « Lobpreis der Maria ». Darin sagt sie : « Du wirst Geliebte genannt, o Gesegnete unter den Weibern. Du bist die zweite Lade, die das Allerheiligste heisst, darinnen die Tafeln des Bundes liegen, die zehn Gebote, die mit den Fingern des Herrn geschrieben sind. Am Anfang verkündigte uns der Vater Jota, das ist zehn, den ersten

[1] *Matth.*, v, 18. [2] *Ps.* LXXV, 2. [3] *Hebr.*, I, 4. [4] *Luc.*, XVI, 17. [5] Nach einer äthiopischen Überlieferung ist der Syrer Simeon von Gēšīr, genannt der « Töpfer » (Šimʿon Qūqayā, VI. Jhdt.), der Urheber des Weddāsē Māryām; siehe p. 13, Anmkg. 5.

Namen unseres Heilands Jesus Christus, der von dir ohne Veränderung Mensch geworden ist * und zum Mittler des Neuen * p. 99 Testaments wurde durch Vergiessen seines heiligen Blutes, die Gläubigen zu reinigen und ein frommes Volk. »[1]

Die Apostel nannten unseren Heiland Jota nach der Zahl zehn[2], weil der Vater durch seinen Sohn Jesus Christus, das erste Wort, redete und sprach; und sie nannten ihn Jota, das Gesetz, die zehn Gebote, weil der Vater durch seinen Sohn Jesus Christus, das erste Wort, verkündete und redete. Alle Rede und Sprache aber, die der Vater durch seinen Sohn, das erste Wort, sprach und redete, kann man nicht nach Hunderten, Tausenden und abermal Tausenden zählen, wie denn bei den Geschöpfen, den wachedienenden Engeln und allen irdischen Menschenkindern nicht gezählt werden kann, was er durch seinen Sohn, das erste Wort, geredet und gesprochen hat. Aber die zehn Gebote redete und sprach der Vater mit seinem Munde und schrieb mit seinen Fingern, worauf alle seine erwählten Propheten, Apostel und seine geehrten Gerechten gegründet sind. Auch die eine heilige Kirche ist darauf gegründet, hat als erste das Wort Jota erkannt und besteht in der Vollführung seines Lobpreises, wie uns unsere Väter, seine Apostel, gelehrt haben. Jota aber, den Namen Christi Jesu[3], kann man nicht um eins von den zehn Geboten mindern. Nur den ersten Sabbat mindert und bricht man. An ihm tun da alle Sabbatbrecher, was sie wollen, machen sich auf dem Felde zu schaffen, ackern und säen oder richten Hochzeiten aus, gehen auf Reisen oder arbeiten an Wall und Mauer und bauen Türme. Durch dies alles und dergleichen mindern und brechen sie ihn, um in ihrem eigenen Interesse zu tun, was sie wollen, indem sie erklären : Wir haben nichts mit den Juden gemein in der Ehrung des ersten Sabbat. Durch dieses Brechen des ersten Sabbat mindern sie den Namen Jesu Christi von den zehn Geboten und setzen nur neun Gebote. Die Apostel aber befehlen in ihrem * Synodus : « Ich Petrus * p. 100 und ich Paulus, die Erzapostel, Diener Jesu Christi, befehlen, dass die Knechte fünf Tage in der Woche arbeiten und am Sabbat und Sonntag ruhen und in die Kirche gehen, um zu Gott zu beten und ihn zu fürchten. Betreffs der Ruhe am Sabbattage wisst ihr doch, dass Gott an diesem Tage all seine Schöpfung vollendete und an

[1] Der Anfang der Sonntagslektion des Lobpreises der Maria; siehe E. Fries, *Der Weddāsē Māryām*, p. 29 (Text) und 51 (Übersetzung). [2] *Did.*, II, 26. [3] *Ibid.*

ihm ruhte. Er befahl, an ihm keine Arbeit zu verrichten, und sprach: Haltet die Sabbattage, denn das ist ein Zeichen des Rechts zwischen mir und euch für alle eure Nachkommen, und bekennet, dass ich der Herr, euer Gott, bin, der ich euch heilige. Haltet den Sabbat und reiniget ihn euch! Wer ihn aber bricht und etwas anderes an ihm tut, soll sterben; denn dem Sabbatbrecher ist bei dir zu sterben befohlen von Petrus und Paulus, den Erzaposteln. Und wer an ihm etwas arbeitet, der soll aus seinem Volk ausgemerzt werden.»[1] Im Synodus der Apostel findet man viel über die Ehrung der Sabbate. Auch in ihrer Didaskalie findet man viel über die Ehrung der beiden Sabbate. Aber auch im Testament findet sich die Ehrung der beiden Sabbate, wo es heisst: «Zur Zeit soll man den Sabbat und den Christensabbat feiern, Ostern, Epiphanis oder Pfingsten»[2]; denn das Buch des Testaments unseres Herrn zählt den ersten Sabbat dazu, dass man ihn mit dem Christensabbat ehre, und Ostern, Epiphanias und Pfingsten. Die aber den ersten Sabbat brechen, mindern den Namen unseres Herrn und brechen das Wort der Apostel, das sie in ihrem Synodus schrieben[3]. Dann brechen sie aber auch das Evangelium vom Himmelreich, wo unser Herr und Heiland, der Sohn der heiligen Maria, sagt: «Jota, das ist ein Buchstabe und ein Strichlein vom Gesetz und den Propheten, soll nicht zergehen, bis dass alles getan und geschehen wird!»[4] Ferner sagt er im Evangelium des Lukas: «Es ist aber leichter, dass
* p. 101 Himmel und Erde vergehen, denn dass ein Wort * vom Gesetz falle.»[5] Wer den ersten Sabbat bricht, mindert den Namen unseres Herrn, sein Wort und den Synodus der Apostel. Die Sabbatbrecher aber sagen: «Wir haben nichts mit den Juden gemein in der Ehrung des ersten Sabbat.»

Höre, o Leugner: Wenn du den Sabbat zu brechen fähig bist, dann musst du auch sagen: «Ich glaube nicht an den einen Vater Gott Zebaoth, der mit seinen Fingern Jota schrieb, das sind die zehn Gebote, weil die Israeliten ihn anbeten, ihm im Glauben an das Gesetz dienen und den ersten Sabbat ehren.» Wenn du nun auch zu sagen fähig bist: «Ich habe nichts mit den Juden gemein und glaube nicht an den einen einigen Vater», dann sagen wir dir: Waren denn die Apostel nicht mit den Juden, und haben sie nicht das Volk der Juden gelehrt, die an ihr Wort glaub-

[1] *Syn.*, 66. [2] I *Test.*, I, 28.42. [3] *Syn.*, 66. [4] *Matth.*, V, 18. [5] *Luc.*, XVI, 17.

ten und sich von ihnen taufen liessen? Ehrten die Apostel nicht selbst, gestehe doch, den ersten Sabbat, dessen Ehrung sie in ihrem Synodus niederschrieben?[1] Behauptest du ferner etwa, die Apostel hätten ihn für immer gebrochen? In ihrem Synodus haben sie doch aber befohlen, dass man ihn halten soll! Wir aber sagen : Die Apostel haben den ersten Sabbat geehrt, seine Ehrung niedergeschrieben und ihr Wort nicht geändert, da sie in ihrem Buche, genannt der Apostel, sagen : « Also redet und also tut, als die da sollen durchs Gesetz der Freiheit gerichtet werden! »[2] Wer aber den ersten Sabbat bricht, der bricht auch den Sonntag, den heiligen Tag seiner Auferstehung. Wie soll man denn den Sonntag ehren, wenn man am ersten Sabbat den ganzen Tag lang von Morgens bis Abends arbeitet? Dann ist es doch aus mit dem Wort unseres Herrn, des Sohnes der heiligen Maria, der im Buche des Testaments sagt : « Sabbat- Tag- und Nachtdienst soll allezeit getan, das Wort regelmässig verkündigt und die Schriften perikopengemäss verlesen werden. »[3] Was für eine Arbeit könnte man da wohl am ersten Sabbat tun, mit der man sich den ganzen Tag über beschäftigte? Dadurch würdest du doch dem Wort unseres Herrn ein Ende bereiten!

Kehren wir nun zum ursprünglichen Thema zurück, zum ersten Namen * unseres Heilands, den die Apostel, unsere Väter, schriftlich überliefert haben : « Der erste Name Jesu ist Jota nach der Zahl zehn. »[4] Jesus aber nannten sie Zehnwort[5], weil der Vater es auf dem Berge Sinai durch Christus Jesus, seinen Sohn, das erste Wort, verkündigte. Das steht also in der Didaskalie der Apostel geschrieben. Wie der Vater es durch den Mund des Propheten Mose redete, so sprach er es; und ausserdem gab er ihnen das Gesetz aus dem Munde Gottes, des allmächtigen Vaters, und die beiden Steintafeln, auf denen die zehn Gebote mit den Fingern des Herrn geschrieben waren. Siehe, o Christenmensch, dass die Apostel Jesus Christus, das erste Wort, Zehnwort nannten, das der Vater durch seinen Sohn, das erste Wort, redete. Schau, o Christenmensch, dass kein anderes Wort ist ausser Jesus Christus, dem ersten Wort. Wenn aber ein anderes Wort wäre, dann würde man die zehn Gebote zerteilen; dann würde man dem Vater drei Gebote geben, dem Sohn würde man drei Gebote geben, und dem heiligen Geiste würde man vier Gebote

* p. 102

[1] *Syn.*, 66. [2] *Jac.*, II, 12. [3] I *Test.*, II, 18. [4] *Did.*, II, 26. [5] Dekalog.

geben. Dabei wäre nicht einmal jeder Teil gleich. Bei dem heiligen Geiste wäre sogar ein Gebot darüber. Wie magst du da behaupten, o Leugner, es seien drei Worte? Ferner sprichst du : « Warum haben die Apostel ihn Zehnwort genannt? Sage mir die Erklärung dafür! » So sagen wir dir denn : Das ist deshalb, weil der Vater durch sein erstes Wort, das ist Jesus Christus, sein Sohn, auf dem Berge Sinai redete, als die Israeliten die Stimme des Gewitters in der Wolke und im Nebel auf dem Berge Sinai die Stimme der Posaune als eines gewaltigen Getöns hörten; und der Ton der laut schmetternden Posaune war sehr stark. Damals redete der Vater durch sein erstes Wort, das ist Jesus Christus, sein Sohn. An jenem Tage sah die ganze Gemeinde Israel, das Aufgebot des Mose, jenes erste Wort, das ist Christus Jesus, und fürchtete sich davor. Den Vater aber sahen sie damals nicht, der durch sein erstes Wort, das ist sein Sohn, redete. Das erste Wort jedoch,
* p. 103 Christus Jesus, sahen sie * im Lichte der Fackel, wie der Exodus sagt [1], und alles Volk sah das Wort und das Licht der Fackel und vernahm die Stimme der Posaune; und der Berg rauchte, und alles Volk stand, sich fürchtend, von ferne. Deshalb nannten die Apostel Jesus, den ersten Namen Jesu, Jota nach der Zahl zehn [2]. Du Leugner aber bringe uns einen Beweis aus den Schriften, dass drei Worte sind! Du wirst keinen Beleg aus den heiligen Schriften finden. Wir aber haben ein Zeugnis dafür, dass ein Wort ist, aus den Schriften der Apostel : « Halleluja, das heisst : Wir preisen den, der da Gott ist. Gelobt und gepriesen sei er, der die ganze Welt durch ein Wort gegründet hat! » [3] Ferner haben wir noch ein Zeugnis dafür, dass ein Wort ist, im Buche des Synodus der Apostel : « Eins! Aus einem Wort und aus einer Rede (schuf) Gott, der Bildner und Schöpfer, durch sein Wort und seinen Geist. » [4] Höre, o Leugner, wir haben dir Zeugnis aus den heiligen Schriften gebracht, dass das Wort des Vaters und des heiligen Geistes eins ist, das ist Christus Jesus, das erste Wort!

Ferner höre, o Leugner, über die Einheit des Vaters und des Sohnes und des heiligen Geistes, wie unser Herr im Evangelium sagt : « Ich und der Vater, wir sind eins. » [5] Ferner sagt unser Herr im Buche des Testaments : « Ich bin ganz im Vater, und der Vater ist in mir. » [6] Und die Einheit des Vaters und des Sohnes

[1] *Ex.*, XX, 18. [2] *Did.*, II, 26. [3] *Syn.*, 37. [4] *Syn. epi.* siehe p. 11, Anmkg. 5. [5] *Jo.*, X, 30. [6] II *Test.*, 28 s.

und des heiligen Geistes mit dem Vater vollzieht sich im Licht : Der Vater ist Licht, und der Sohn ist Licht, der von seinem Vater geboren ist; und das Licht seines Vaters ist immer mit ihm und trennt sich nicht eine Stunde von ihm. Der heilige Geist, der vom Vater ausgeht[1], ist Licht, Licht vom Lichte, und nimmt vom Sohne Licht vom Lichte. Das Licht des Vaters trennt sich niemals von ihm, dem heiligen Geiste. Denn das Licht des Vaters und des Sohnes und des heiligen Geistes ist eins. Es sind nicht zwei und nicht drei Lichter, sondern es ist ein Licht, wie * Gre- * p. 104 gorius, der Deuter der Geheimnisse[2], und Severus, der Patriarch von Antiochien, sagen : « Der Vater und der Sohn und der heilige Geist sind drei Sonnen, und ihr Licht ist eins. » So sind der Sohn und der heilige Geist mit dem Vater im Licht eins, sie sind geeint durch das erste Wort, das ist der Sohn Christus Jesus. Auch das Wort des heiligen Geistes ist das erste Wort, Christus Jesus, das ist der Sohn. Und durch ihn sind der Vater und der heilige Geist geeint, durch das eine erste Wort, das ist der Sohn Christus Jesus. So besteht die Einheit des Vaters und des Sohnes und des heiligen Geistes in dem einen Wort; das sind nicht zwei und nicht drei Worte, sondern das ist ein Wort, wie die Apostel in ihrem Synodus sagen : « Halleluja, das heisst : Wir preisen den, der da Gott ist. Gelobt und gepriesen sei er, der die ganze Welt durch ein Wort gegründet hat! »[3] Ferner sagen die Apostel in ihrem Synodus : « Eins ! Aus einem Wort und einer Rede (schuf) Gott, der Bildner und Schöpfer, durch sein Wort und seinen Geist. »[4] Ferner höre, o Leugner, die Einheit des Vaters und des Sohnes! Der Geist des Vaters ist der Tröster; und der Vater hat keinen anderen Geist ausser ihm, und der Sohn hat keinen anderen Geist ausser dem heiligen Geist, dem Tröster, wie unser Apostel Paulus sagt : « Wir alle haben einen Geist getrunken. »[5] Ferner sagt Paulus : « Denn auf den einen Geist Christi und seinen einen Leib sind wir alle getauft. »[6] Du aber, o Leugner, bringe uns einen Beweis aus den Schriften, dass drei Worte und drei Geister seien! Du kannst doch für dich nichts anderes beibringen als eine Erfin-

[1] Siehe p. 36, Anmkg. 1. [2] Um welchen Gregorius es sich hier handelt, ist ungewiss, zumal die patristischen Hauptquellen der äthiopischen Schulen, der *Cyrill, Timotheus Ailuros* und die *Confessio Patrum* nocht nicht veröffentlicht sind. [3] *Syn.*, 37. [4] *Syn. epi.* siehe p. 11, Anmkg. 5. [5] I *Cor.*, XII, 13. [6] *Ibid.*

dung, die du dir allein erdacht hast. Allein Gott lasse das Volk der Christen nicht zu dieser deiner verkehrten Lehre zu, und so lasse er uns auch nicht in deine Nähe kommen, von Ewigkeit zu Ewigkeit, Amen und Amen, so sei es, um des Fleisches und Blutes Christi willen, so sei es, so sei es!

* p. 105 Ferner höre, o Leugner, ein furchtbares * und schreckliches Wort : « Er wird die Lüge wie Nebel von dir zerstreuen. »[1] Vor allem sage uns, o Leugner, sprichst du von dem Sohne etwa nicht als dem Wort des Vaters? Solltest du nämlich von dem Sohne nicht als dem Wort des Vaters sprechen, so fällst du aus dem Stand der Christen und verlässt die Rechtsbücher. Die Schriften aber sagen : Das erste Wort ist der Sohn! Und Johannes, der Seher der Geheimnisse, verkündigt uns im Anfang seines Evangeliums : « Im Anfang war das Wort. »[2] Mit « Im Anfang war das Wort » meint er Christus, den Sohn des Vaters, und der ist das Wort des Vaters. « Und das Wort war bei Gott. »[3] Wenn er sagt « Und das Wort war bei Gott », so ist das Wort, von dem er spricht, Christus. « Es war bei Gott » heisst bei Gott Vater, das heisst bei seinem Vater. « Und Gott war das Wort. »[4] Mit « Und Gott war das Wort » meint er : wie Gott war, so war das Wort. Johannes spricht von ebendemselben Christus. Ferner sagt Johannes über den heiligen Geist, den Tröster : « Dasselbe war im Anfang bei Gott. »[5] Das sagt Johannes von dem Wort des Trösters. Wie Christus, das erste Wort, bei dem Vater, seinem Vater, sagt Johannes, so ist Christus, das Wort, bei dem Tröster, dem heiligen Geist, ebenso als erstes Wort. Ausserdem sagt Johannes, der Donnersohn, im Buche seiner Offenbarung : « Sie nannten seinen Namen das Wort Gottes, und das Heer des Himmels folgte ihm auf weissen Pferden, und er war mit leuchtend reinem Purpur bekleidet. Und aus seinem Munde ging ein scharfes Schwert, dass er damit die Heiden schlüge; er wird sie weiden mit eisernem Stabe; und er tritt die Kelter des Weins der Zornesglut Gottes, der alles beherrscht. Und geschrieben steht auf seiner Seite der Name : Ein König aller Könige und ein Herr aller Herren. »[6] Höre, o Leugner, von wem sagt wohl Johannes, der Donnersohn : « Sie nannten seinen
* p. 106 Namen * das Wort Gottes »? « Wort Gottes »[7] nannte Johannes Christum Jesum, den einigen Sohn; sein erstes Wort und sein Sohn

[1] *Is.*, XLIV, 22. [2] *Jo.*, I, 1. [3] *Ibid.* [4] *Ibid.* [5] *Ibid.* [6] *Apoc.*, XIX, 13-16. [7] *Ibid.*

ist also Jesus Christus. Johannes aber sagt im Anfang seines Evangeliums : « Im Anfang war das Wort; und das Wort war bei Gott. »[1] Das sagt er von Christus Jesus. « Und das Wort war bei Gott » heisst : es war bei Gott, seinem Vater. Und in seiner Offenbarung sagt er : « Sie nannten seinen Namen das Wort Gottes »[2]; denn das Wort des Johannes in seinem Evangelium und in seiner Offenbarung gehören zusammen. Ferner sagt Johannes in seinem Evangelium : « Wer mich nicht liebt, der hält mein Wort nicht. Und mein Wort, das ihr hört, ist nicht mein Wort, sondern was ihr hört, ist das Wort des Vaters, der mich gesandt hat. »[3] Siehe, o Christenmensch, dieses « Mein Wort, das ihr hört », das Christus von seinem Wort sagt, nennt Christus : « Wort des Vaters »[4]! Mit « Es ist nicht mein Wort, sondern es ist das Wort des Vaters, der mich gesandt hat »[5] zeigt Christus von sich selbst, dass er das eine Wort ist. Die Apostel aber, die das Wort aus dem Munde Jesu Christi hörten, der mit dem Fleisch der Maria bekleidet war, nannten dieses sein Wort Christus, das Wort des Vaters, der kein Fleisch angezogen hat, des heiligen Vaters. Siehe, o Christenmensch, dass es nur ein Wort gibt! Du Leugner aber magst wohl richtig aussagen, dass Johannes Christum das Wort Gottes, des Vaters, genannt hat, gleichzeitig behauptest du widersprechend, er habe ihn Wort Gottes genannt, während er gar nicht das Wort Gottes sei. O Leugner, wenn du so etwas behauptest, verlässt du die Christen und gehst aus der Kirche Christi heraus.

Unser Herr aber sagt im Buche des Testaments von sich selbst : « Dir singen wir zu Lob und Preis, einiger Sohn, erstgeborenes Wort des Vaters! »[6] Ferner sagt er : « Das Wort ruht nur auf seinen Heiligen. »[7] Ausserdem sagt er : « Nachdem er am dritten Tage auferstanden war, dankte er dem Vater und sprach : Gottes Wort ist recht. »[8] Ferner sagt unser Herr * im Buche des Testaments: « Sohn * p. 107
und Wort und Rat ist Christus, der um des Menschengeschlechts willen gekommen ist, gelitten hat, begraben und auferstanden ist. »[9] Ausserdem sagt Christus, unser Heiland, im Buche des Testaments : « Der Sohn ist es, der das Wort Gottes ist und sein wird in Ewigkeit, der uns durch seinen Tod zum Leben erweckt hat. »[10]

Die Apostel aber sagen in dem Buche der Didaskalie : « Deshalb

[1] *Jo.*, I, 1. [2] *Apoc.*, XIX, 13. [3] *Jo.*, XIV, 24. [4] *Ibid.* [5] *Ibid.* [6] I *Test.*, I, 26. [7] *Ibid.* [8] *Ibid.*, 28. [9] *Ibid.*, 43. [10] I *Test.*, II, 7.

glauben wir an die Wiederkunft Christi. »[1] Ausserdem ist er es, der den Lazarus aus den Gräbern am vierten Tage heraufgeholt hat. Auch das Töchterlein des Jairus hat er von den Toten auferweckt. Und er selbst ist von den Toten am dritten Tage auferstanden nach dem Wohlgefallen seines Vaters und war das Wort des Lebens. Ferner sagen die Apostel im Synodus : « Man soll am Tage der Geburt ruhen, denn das Gnadengeschenk Gottes wurde an jenem Tage den Menschen gegeben, darum dass sie vom Anfang der Schöpfung an hoffend darauf harrten; an ihm erschien sein Wort von alters her, indem es Fleisch wurde auf Erden zur Erlösung der Welt, das ist Jesus Christus, der geboren ist aus Maria, der Jungfrau, rein von Schimpf und Schande. »[2]

Höre, o Leugner und jeder Christ, der unter dem Himmel ist! Es gibt niemanden, der von Christus Jesus behauptet, er sei nicht das Wort Gottes, des Vaters, sondern alles Christenvolk sagt von Christus Jesus, dass er das Wort des Vaters ist, — einige sagen es in ihren Liedern, andere in ihren Lobgesängen, einige in ihren Hymnen, andere in ihren Lehrvorträgen : alle Christenleute preisen ihn, wie es Gott ihnen gegeben hat : Christus Jesus, Wort des Vaters! Höre, o Leugner, wenn du das nicht glaubst, verlässt du die Christen! Wenn du aber glaubst, dass er das Wort des Vaters ist, warum leugnest du und behauptest, der Vater spreche nicht durch seinen Sohn, der sein Wort ist, und behauptest weiter, durch seinen Sohn spreche er nicht; wodurch der Vater aber spricht, sei ein anderes Wort? Kann man denn so etwas behaupten, wie du
* p. 108 es tust : Wort des Vaters, * aber der Vater spricht dadurch nicht? Nachdem er aber das Wort genannt worden ist, kann man doch nicht von ihm behaupten, er spreche nicht; weder von den Menschen, noch von den Tieren, noch von den Vögeln kann jemand von ihm behaupten, er spreche nicht. Wer aber nicht spricht, der ist stumm. Nachdem er nun Wort heisst, redet er doch und spricht! — eine solche Lüge wie jene ist von der Schöpfung der Welt bis heute nicht gehört worden. Diese Lüge ist eine blinde Angelegenheit. Wenn man von einem Menschen ein Wort hört und auch so nennt, so ist es doch auch sein Wort, wodurch jener Mensch spricht; und alle Geschöpfe, die ein Wort haben, sprechen dadurch etwas. Sprache, Rede und Gebot gehen vom Wort aus. Warum sprichst du nun also, o Leugner, und behauptest : das Wort des

1 *Did.*, v, 7. 2 *Syn.*, 67.

Vaters nenne ich zwar Christus, aber der Vater spricht dadurch nichts; wodurch indes der Vater spricht, ist ein anderes Wort? Wo ist eine solche Lüge je gehört worden? Wir aber haben eine solche Lüge nie gehört, weder aus dem Gesetz und den Propheten noch aus dem Evangelium und den Aposteln, wo so etwas behauptet wird. Weder Engel, noch Mensch, noch Tier gibt es, die behaupten können, jemand habe ein Wort, aber er spreche dadurch nicht; und eine solche Behauptung findet sich auch nirgends. Nachdem jemand ein Wort hat, ist er auch Redner und Sprecher durch sein Wort, denn Sprache, Rede und Gebot gehen vom Wort aus. Man kann eben nicht von jemand behaupten, er habe ein Wort, aber er spreche dadurch nicht; von einer solchen Abweichung und Abirrung vom Glauben haben wir nie gehört und auch sonst bei allerlei Leugnern nicht gefunden, — schon gar nicht bei heiligen Menschen, aber auch bei den Leugnern finden sich davon nicht viele, sondern nur vereinzelte. Von den Propheten sagt man, sie weissagten und predigten Christus durch ihr Wort, und von den Aposteln sagt man, sie sind in alle Welt gesandt worden und haben im Blick auf Christus sein Evangelium durch ihr Wort gepredigt. Wenn aber das Wort nicht über ihnen gewesen wäre, so hätten doch die Propheten alle nicht sprechen, reden, predigen und lehren können. Sie predigten aber allein durch ihr Wort je zu ihrer Zeit und nach ihrer Sendung. Von einer solchen Lüge aber haben wir noch nichts gehört und gesehen, von Leuten, die so etwas behaupten : * es hat jemand ein Wort, aber er spricht dadurch nicht. Wo hat man je eine solche Lüge gehört, sei es von einem Menschen oder von einem Tier? Jeder, der ein Wort hat, spricht doch dadurch, wie es Gott geordnet hat; so ist die Ordnung des Geschaffenen. Du aber, o Leugner, nennst zwar Christus das Wort des Vaters, behauptest aber von ihm, er spreche dadurch nicht. Wo hat man so etwas je gehört? Du sagst zwar : ich nenne ihn das Wort des Vaters, behauptest aber, er spreche nichts durch Christus, das erste Wort, sondern es sei noch ein anderes Wort, durch das er spricht, jedoch durch Christus, das erste Wort, spreche er nicht. Wir aber sagen : Der Vater ist ein Licht, und der Sohn ist ein Licht und das Wort des Vaters und des heiligen Geistes, und der heilige Geist ist ein Licht; doch ist ihr Licht eins, ihr Wort eins und ihr Geist einer, nämlich des Vaters und des Sohnes und des heiligen Geistes. In diesem rechten Glauben, dem Glauben unserer Väter,

* p. 109

der Propheten und Apostel, in diesem Glauben erhalte uns der Herr Zebaoth, von Ewigkeit zu Ewigkeit, Amen und Amen, so sei es, um des Fleisches und Blutes Christi willen, so sei es!

Ferner höre, o Leugner, du trennst doch das Testament und die Didaskalie von dem Synodus der Apostel, wenn du sagst : Annehmen tue ich sie und bestätige ihr Wort, was aber ihr Zeugnis betrifft, so glaube ich ihnen nicht, denn die Apostel haben mir das Testament und die Didaskalie nicht zum Kanon zählend gegeben. Wir aber, so höre, sagen dir, o Leugner : Wer hat dir den Synodus kanonisiert, und wer will das Testament und die Didaskalie hindern, mit dem Synodus und den anderen Rechtsbüchern zusammen zum Kanon gezählt zu werden? Sind sie doch von unserem Herrn Jesus Christus, dem grossen Hohenpriester, durch die Apostel gesandt worden! Höre, o Leugner, im Namen Christi : Wenn du das Testament und die Didaskalie leugnest, dann bist du kein Christ! Du kannst dir ja die Kirche vornehmen, um deine Lüge
* p. 110 zu erkennen : * in welchen Büchern erfährst du etwas über ihre Länge und Breite, sei es gen Osten und Westen oder gen Süden und Norden? In welchen Büchern findest du darüber etwas ausser im Buche des Testaments und in der Didaskalie? Das Buch des Testaments nämlich sagt : « Ja, ich verkündige euch, meine Kinder, Priester der Kirche, von der heiligen Regel der Kirche : Recht ist es, dass ihr Bau so sei : sie soll drei Pforten haben nach dem Bilde der Dreifaltigkeit. »[1] Ferner spricht es über die Taufstätte, seine Länge und Breite; und ausserdem sagt es über den Altarraum, die Stätte der Eucharistie : « Der Raum für die Diakone soll an der Südpforte angelegt werden, damit die Konsekration der Eucharistie nicht sichtbar werde, dem gegenüber der Platz für die Priester, und in der Mitte davon soll die Taufstätte sein, seine Länge 21 Ellen nach der Zahl der Propheten und seine Breite 12 Ellen nach der Zahl derjenigen, denen es gegeben ward, das Evangelium vom Reich zu predigen; es soll nur eine Taufstätte mit drei Wasserrinnen angelegt werden nach dem Bilde der Dreifaltigkeit. »[2] Das Buch des Testaments sagt auch von der Ehrung des Sabbat : « Sabbat-Tag-und Nachdienst soll allezeit getan, das Wort regelmässig verkündigt und die Schriften perikopengemäss verlesen sowie die liturgischen Stücke der Reihenfolge nach durchge-

[1] I *Test.*, I, 19. [2] *Ibid.*

führt werden wie im Gottesreich, besonders in jener Nacht des Sabbat. »[1] Ferner zählt es die Propheten auf, dass die Gläubigen durch sie in der Kirche beten, indem es sagt : « Sie sollen nun vier Psalmen singen, einen von Mose und einen von Salomo und den anderen Propheten : Lobsinget!, ebenso zwei Jungfrauen, zwei Kinder : Lobsinget!, je zwei Anagnosten, zwei Diakone und Priester. »[2] Ferner sagt das Buch des Testaments : « Der du das Gnadenlicht der Kirche in deinem einigen Sohn Jesus Christus schenktest, der du von Anfang an diejenigen, die in Gerechtigkeit auf dich hoffen, bestimmtest, in deinen Heiligtümern zu wohnen, du hast ihnen eine Ruhe bereitet, der du den Abraham erwähltest, der dir im Glauben wohlgefiel, und den Henoch, deinen Heiligen, * (* p. 111) den du in der Wohnung des Lebens verhülltest. »[3] Siehe, o Leugner, wie unser Herr diesen im Buch des Testaments anführte und zu allen seinen heiligen Propheten zählte! Ferner führte ihn unser Herr im Buche des Testaments auf : « Gott Abrahams, Isaaks und Jakobs, der Henochs, Noahs, Davids, Elias', Elisas, Moses, Jesajas und der anderen Propheten, die in Wahrheit deinen Namen gepredigt haben! »[4] Höre, o Leugner, den Henoch führt er viele Male an und zählt ihn zu allen Predigern seiner Ankunft, den heiligen Propheten! Wahrlich, zuerst hat Henoch die Ankunft Christi gepredigt : « Ich sah dort den, der ein betagtes Haupt hat, und sein Haupt war weiss wie Wolle; und bei ihm war ein anderer, dessen Antlitz wie das eines Menschen anzusehen war, und sein Angesicht war voll Anmut wie eins von den Engeln. »[5] Henoch nannte also Christus den Anderen bei dem Vater, auch Menschensohn nannte ihn Henoch[6].

Höre, o Leugner, auch das Buch des Henoch nehme ich nicht an, sagst du, denn der Synodus hat es mir nicht kanonisiert, wo ihn doch unser Herr im Testament zu allen heiligen Propheten gezählt hat![7] Du stehst doch aber in der Ordnung seines Buches; und obwohl du in der Ordnung seines Buches stehst, leugnest du es. Ostern ist im Buche des Henoch begründet. Das Trompetenfest[8] und das Fest der süssen Brote[9] stehen im Buche des Henoch drin. Die Tage und Monate sind auch im Buche des Henoch enthalten. Von wem holst du den Aufgang des Mondes her, seine Abnahme und Zunahme?

[1] I *Test.*, II, 18. [2] I *Test.*, I, 26. [3] *Ibid.*, 21. [4] *Ibid.*, 43. [5] *Hen.*, XLVI, 1. [6] *Hen.*, LXII, 5 s. [7] I *Test.*, I, 43. [8] *Lev.*, XXIII, 24; *Num.*, XXIX, 1-6. [9] *Ex.*, XII, 18-20.

Von wem entnimmst du die Ordnung der Sterne, deren Konstellationen so vielfältig sind, wenn du nicht im Buche des Henoch die Möglichkeit findest, sie zu berechnen?

Ferner sagt unser Herr im Buche des Testaments : « Durch das Evangelium führst du uns, und durch die Propheten tröstest du uns.[1] » Die Deutung dieser Stelle lautet : Durch das Evangelium von der Gnade Christi sind wir Christen, werden wir geführt und gelangen in das Haus des Evangeliums, essen und trinken das Fleisch und Blut Christi und sind Kinder Gottes. Und wenn die
* p. 112 unseligen Juden zu uns kommen, * die den Sohn Gottes leugnen, und mit ihrem Leugnen uns zum Leugnen bewegen wollen, dann sagen wir zu ihnen : Auf, setzen wir uns mit der Weissagung der Propheten auseinander! Zuerst wenden wir uns der Weissagung des Propheten Henoch zu, und der Jude kann sich nur auf den Propheten Henoch stützen. Aber mit dem Buche Henoch lassen wir ihn schnell in die Gewalt Gottes fallen. Sowohl durch seine Weissagung als auch durch seine Sabbate, sowie durch alle Weissagung des Gesetzes und der Propheten, besonders aber durch die Sabbate der Frist des Propheten Daniel, wird das Maul des Juden gegenüber Christus, dem Himmlischen und Morgenstern, gezügelt, wenn der Jude von der Frist Christi hört und worin in jener Zeit, in den Tagen Christi, das Leben stehen wird, wie Daniel sagt : « Die Sünde soll abgetan, die Missetat besiegelt, das Unrecht getilgt und die Schuld gesühnt werden, denn da soll die ewige Gerechtigkeit kommen, das Gesicht der Propheten versiegelt und ein Hochheiliges gesalbt werden. »[2] Durch dieses Wort Daniels wird der Mund des speizüngigen Juden versiegelt. Ferner sagt unser Herr im Buche des Testaments, indem er die Propheten anführt und aufzählt, auf dass wir Christen alle sie annehmen : « Der Bischof soll ihn mit der Lehre der Propheten versorgen, dass sie ihn zur Reinheit führen. Und wenn er mit der Lehre der Propheten fertig ist, dann soll er noch einmal die der Apostel und des Evangeliums lernen. Wenn er mit dem Worte der Lehre fertig und würdig befunden ist, soll er getauft werden. »[3] Auch die Namen der Propheten sagte er an. Den Henoch führte er sogar zweimal an und kanonisierte ihn, dazu alle Propheten, die seine Ankunft predigten und einen Christenmenschen zur Reinheit führen. Die Apostel führte er an und kanonisierte sie, und das Evangelium führte er an und kanoni-

[1] I *Test.*, I, 26. [2] *Dan.*, IX, 24. [3] I *Test.*, II, 1.

sierte es. Auch die Zeiten gab er an, wann die Katechumenen alle unterrichtet werden sollen, bevor sie getauft werden, auf dass man sie Christum von Herzen lieben mache. Die Propheten, die Apostel und das Evangelium befahl er uns anzunehmen. Höre, o Leugner, woraus bringst du die Stunde seiner Auferstehung bei ausser aus dem Buche des Testaments, das da sagt : « Wenn * aber jemand * p. 113
den Lohn der Propheten begehrt, der mag ihn empfangen. Um Mitternacht ermahnet euch untereinander und betet! Die Ältesten aus dem Volke aber sollen lobpreisen, denn zu jener Stunde pries unser Herr bei seiner Auferstehung den Vater. »[1] Das findet sich sonst nirgendwoanders als im Testament. Die Kirche ist nur im Testament begründet, und die Taufe vollzieht sich nur nach dem Testament. So ist auch dein Christentum nur nach dem Testament möglich, wie auch die heilige Messe nur nach dem Testament möglich ist. Wenn du aber recht wandelst, so ist das nur nach dem Testament möglich, auch nur möglich nach der Didaskalie; denn die Kenner der Schriften nennen das Testament, die Didaskalie und den Synodus « Markt », weil sich der Glaube der Christen bei ihnen findet. Sind sie doch gesandt durch Jesus Christus, den grossen Hohenpriester, durch die Hand der Apostel. Denn das Testament, der Synodus und die Didaskalie ergänzen einander wie die vier Evangelisten; wie auch die Evangelisten einander ergänzen : Was nicht im Evangelium des Matthäus steht, steht bei Johannes; was nicht bei Johannes steht, steht bei Lukas; und was nicht bei Markus steht, steht bei Lukas. Viele Worte unseres Herrn aus der Rede vom Berge Tabor stehen im Evangelium des Matthäus und nicht im Evangelium des Johannes. Wie unser Herr aus Wasser Wein machte, steht bei Johannes und nicht bei Matthäus. Von dem Buche der Geburt Christi steht etwas bei Matthäus und nichts bei Johannes. Über den Tröster steht etwas bei Johannes und nichts bei Matthäus. Von dem Buche der Geburt Christi steht etwas bei Lukas, nichts bei Markus. Über Jakobus und Johannes, die Söhne des Zebedäus, steht etwas im Evangelium des Markus und nichts im Evangelium des Lukas und so weiter und so weiter. Nach dem Anliegen der Evangelisten heissen sie die vier Evangelien, werden aber auch das eine Evangelium genannt, wie unser Herr im Testament sagt : « Durch das Evangelium führst du uns, und durch die Propheten tröstest du uns. »[2] Doch tragen das Buch des Testaments, der Syno-

[1] I *Test.*, I, 32. [2] I *Test.*, I, 26.

* p. 114 dus und die Didaskalie alle * drei ihre drei eigenen Namen, denn das Testament befiehlt nicht, die Didaskalie anzunehmen, der Synodus befiehlt nicht, das Testament anzunehmen, und die Didaskalie befiehlt nicht, den Synodus und das Testament anzunehmen. Sie sind also gleichständige Sendschreiben.

Höre, o Leugner, du kannst nicht behaupten, der Synodus habe uns nicht die Möglichkeit gegeben, das Testament und die Didaskalie für kanonisch zu halten. Wir aber fragen dich : Wer hat dir denn den Synodus kanonisiert und gegeben? Ein Sendschreiben braucht man nicht erst zu kanonisieren, noch muss ein anderes fordern, es anzunehmen, denn es ist eben ein Sendschreiben. Das Testament ist das Ursendschreiben, denn es ist zuerst geschrieben worden. Jesus Christus sprach zu ihnen mit den Worten des Testaments, als er ihnen erschien, nachdem er von den Toten auferstanden war, und als er von Thomas, Matthäus und Johannes berührt wurde; darum ist das Testament ein Sendschreiben. Ein anderes Sendschreiben kann es nicht kanonisieren. Ebenso können weder Testament noch Synodus die Didaskalie kanonisieren, denn sie ist ein Sendschreiben und ihnen gleich; auch an Ansehen ist sie ihnen gleich und befiehlt die Gebote der Christenheit ebenso wie sie.

Höre, o Leugner, wo findest du die Feier des Osterfestes, sage mir, in welchen Rechtsbüchern findest du sie? Es ist kein Buch der Apostel zu finden, das grösser wäre als die Didaskalie. Ein Christ aber soll vorher für die Feier des Osterfestes schlachten, damit er nicht mit den bösen Juden verwechselt werde, wie die Apostel in ihrer Didaskalie darüber sagen, dass es recht ist, dass wir Christen den Tag des Osterfestes zu feiern wissen und nicht irrtümlich an anderen Tagen feiern ausser in der Woche, da Passah ist : « Am vierzehnten bei Anbruch der Nacht geziemt es euch, liebe Brüder, die ihr durch das teure Blut Christi erkauft seid,
* p. 115 dass ihr das heilige Osterfest * mit aller Genauigkeit und Einsicht feiert, denn Tag und Nacht sind am 25. Maggābit gleich. »[1] Dies alles und dergleichen findet sich in der Didaskalie, dem Sendschreiben der Apostel von unserem Herrn. Siehe, o Leugner, nach wessen Buch feierst du sonst das Ostern unseres Herrn? Und was dein Fasten anbetrifft, so findest du, nachdem du Ostern gefunden hast, auch das Fasten. Magst du doch ein Buch aus dem Schrift-

[1] *Did.*, v, 17 s.

tum der Apostel beibringen, das zu dir darüber spricht, steig zum Himmel hinauf oder in die Meerestiefe hinab, du wirst keins finden ausser der Didaskalie! Wir aber feiern unser Ostern nach dem Buche der Didaskalie und finden es, wo es heisst : « Ihr aber haltet die Errechnung des Tages auf den 25. Maggābit fest, das ist der 22. Maggābit nach der Rechnung der Hebräer, und haltet diese Rechnung bis zum 24. zum Anbruch der Nacht! »[1] So und nicht anders feiern wir unser Ostern nach dem Buche der Didaskalie.

Ferner höre, o Leugner, wie sie[2] die Propheten anführen und kanonisieren, und indem sie uns gebieten, dass wir sie annehmen, wie sie in ihrer Didaskalie sagen : « Wenn ihr in der Kirche versammelt seid, heisset sie den rechten Weg gehen als ein kluger Schiffsherr. Und den Diakonen befehlet, dass sie wie Schiffer seien, indem sie jeden einzelnen ihrer Brüder an seinen Platz stellen, wie es sich nach Recht und Billigkeit geziemt, denn sie sind mit euch in einem Schiff zusammen. Die Kirche soll indes in ihrer Länge nach Osten gerichtet sein mit zwei Säulengängen an ihren Seiten, wie ein Schiff. Der Thron des Bischofs soll mitten dazwischen stehen. Von da aus sollen die Pfarrpriester zu seiner Rechten und seiner Linken sitzen, während die Diakone zum Dienst bereit stehen, ihre Kleider umgürtet wie Seeleute. Das Volk aber soll in Furcht und Zittern dasitzen. Ebenso sollen auch die Frauen schweigend still für sich sitzen. Die Lektoren sollen erhöht Platz nehmen und die Bücher Mose und Josua, * des Sohnes Nuns, die Richter, Könige * p. 116
und Chronika, die Schriften nach der babylonischen Gefangenschaft, Hiob und Salomo sowie die 15 Propheten verlesen. Dann sollen sie aus den Schriften zu zweit lesen, während sich einer erhebt und mit den Worten Davids lobpreist, indes das Volk den Lobpreis respondiert. Danach sollen sie die Apostelgeschichte und einen Brief des Paulus, unseres lieben Mitarbeiters, verlesen, den er geschrieben und an alle Kirchen gesandt hat mit Hilfe des heiligen Geistes. Alsdann soll ein Priester oder Diakon das Evangelium lesen, das wir euch gegeben haben, ich Johannes, und ich, Matthäus, und das Lukas und Markus, die Mitarbeiter des Paulus, gepredigt haben, eben das sie euch verordnet haben. Wenn das Evangelium verlesen wird, sollen die Priester und Diakone und alles Volk in

[1] *Did.*, v, 17 s. [2] Die Apostel.

grosser Furcht dastehen, denn es steht geschrieben: Schweige, Israel, und höre! Dann sollen die Priester einzeln aufstehen und sie trösten. Darauf soll der Bischof sie mit einer Ermahnung erbauen. Dann sollen sich die Türhüter bereit halten, wenn die Männer herzukommen, sie an ihren Platz zu stellen, und ebenso soll eine Diakonisse die Frauen an ihren Platz stellen. »[1]

Siehe, o Leugner, dass uns die Apostel in ihrer Didaskalie das Gesetz und die Propheten gegeben und überliefert haben, dass man sie vor der Messe verlese. Das gaben und überlieferten uns die Apostel in ihrer Didaskalie. Das Testament aber und der Synodus und die Didaskalie sind Sendschreiben der Wahrheit. Die Schriften gaben und überlieferten sie uns, und die Namen der Bücher lehrten sie uns. Du aber, o Leugner, sollst das Testament und die Didaskalie nicht vom Synodus trennen, auf dass du dich nicht selbst alsbald von den Christen trennst. Damit dich die Apostel des Heilands nicht mit dem Schwerte ihrer Ausstossungsgewalt fällen, bekehre dich wieder in Reue zur heiligen Kirche, das heisst zu den rechtmässig eingesetzten Priestern. Uns aber errette Christus Jesus von den Machenschaften des Satans und beschütze uns durch seine
* p. 117 heiligen Feuerengel, * von Ewigkeit zu Ewigkeit, Amen und Amen, so sei es, um des Fleisches und Blutes Christi willen, so sei es, so sei es!

Nun aber ereiferte ich mich, Zara Jakob, mit meinem königlichen Namen Konstantin, für das Recht meines Gottes und verbreitete es durch die Kraft meiner Herrin Maria und die gewaltige Hand meines Herrn Jesus Christus; denn ich will für mich selbst und die andern die Gottheit des Herrn rein bekennen, ohne Vermischung. Durch welche von den Gottheiten als durch ihn allein hat er uns geschaffen? Ihm allein wollen wir uns selbst ergeben, wie uns zuerst die Propheten lehrten und dann die Apostel in ihrem Synodus uns wieder predigten, dass wir keinerlei Zeichendeuterei treiben und was sie uns sonst alles in allen ihren Büchern verboten haben. Besonders aber im Synodus und im Buche der Didaskalie steht, was die zwölf Apostel zusammen einmütig zu Jerusalem mit dem auserwählten und frommen Paulus und Jakobus, dem Bruder unseres Herrn, geschrieben haben, ebenfalls im Buche des Testaments unse-

[1] *Did.*, v, 57.

res Herrn Jesus Christus. Hüten wir uns also selbst vor der Vergötzung eines anderen, und erfüllen wir den Bund, den wir mit Gott an dem Tage geschlossen haben, an dem wir im Namen der Dreieinigkeit getauft worden sind, nachdem wir dem Satan entsagt hatten, wie es im Buche des Testaments heisst : « Ich entsage dir, Satan, und aller deiner Macht und Gaukelei, all deiner Begierde und all deinem Werk.[1] »

Ferner heisst es im Synodus : « Ich entsage dir, Satan, und allen deinen Engeln und all deinem bösen Tun[2] », wie auch ferner in der Didaskalie gesagt ist : « Ich verwerfe dich, Satan, und alle deine Werke, all deine Bosheit und all deinen Dienst, all deine Engel, all deine Machenschaften und all deine Macht.[3] » Siehe doch, uns ist ein Gebot aus dem Buche des Testaments, aus dem Synodus und aus der Didaskalie über die Absage an den Satan gesetzt, denn eins sind das Buch des Testaments, der Synodus und die Didaskalie, untrennbar. Das Buch des Testaments ist zuerst geschrieben worden nach dem Worte unseres Herrn Jesus Christus über jede Ordnung der Kirche und * über alles, was von den Getauften zu * p. 118
beachten ist. Nach seinem Vorbilde wurden der Synodus und die Didaskalie geschrieben; denn sie drei sind eins. Über den Synodus und die Didaskalie, die nach dem Worte der zwölf Apostel, nach dem Worte des Paulus und des Jakobus, des Bruders unseres Herrn Jesus Christus, geschrieben worden sind, ist im Buche des Testaments gesagt : « Und sie sandten Abhandlungen nach dem Vorbilde dieses Testaments aus Jerusalem. »[4]

Wisset darum, dass der Synodus und die Didaskalie nach dem Vorbilde des Testaments geschrieben und von den Aposteln durch Klemens in alle Welt gesandt worden sind! Wenn du wissen willst, dass das Testament und die Didaskalie eines Wortes sind, dann lies sie aufmerksam durch! Denn nach dem Vorbild des Buches des Testaments sind der Synodus und die Didaskalie geschrieben. Und alle drei sind eins, wie da gesagt ist : « Und sie sandten uns Abhandlungen nach dem Vorbilde dieses Testaments aus Jerusalem. »[5] Die Ordnung des Testaments war führend für die Ordnung des Synodus und der Didaskalie, und alle drei werden mit einem Namen « Kanon » genannt, wie es im Synodus heisst : « Dies ist das grosse Gesetz-

[1] I *Test.*, II, 8. [2] *Syn.*, 35. [3] *Did.*, VII, 41. [4] I *Test.*, II, 27.
[5] *Ibid.*

buch, das von Gott, dem Vater, herabgestiegen ist und zwar bei der Erschaffung der 81 Schriften mitsamt dem Buche des Kanon, das wir dem Klemens verkündigt haben.»[1] Denn das Buch des Testaments, der Synodus und die Didaskalie sind alle drei Sendschreiben und durch Klemens von den Aposteln gesandt. Wer aber das Testament und die Didaskalie vom Synodus trennt, der ist kein Christ, sondern ein Feind der Kirche und ihres Bräutigams. Damit ihr aber erkennt, dass ihr Wort eins ist, heisst es im Synodus : «81 Schriften mitsamt dem Buche des Kanon, das wir dem Klemens verkündigt haben.»[2] Und in der Didaskalie heisst es : «Wir haben dieses Buch der Ermahnung geschrieben und durch Klemens, unseren Bruder und Boten, in diese Welt gesandt, auf dass man wandle nach den Geboten der Kirchen, die unter dem Himmel sind.»[3] Das Buch des Testaments aber ist der Führer der beiden anderen.

Reinigen wir uns denn selbst von allen Übertretungen für den
* p. 119 Dienst * Gottes, wie uns die Apostel in diesen Büchern und in allen ihren Schriften befohlen haben. Denn viele Übertretungen finden sich in unserem Lande, weil man diese zwei Bücher trennt; denn sie trennen das Testament und die Didaskalie vom Synodus, die die Apostel nicht getrennt haben, und die auch voneinander nicht zu trennen sind. Verbunden im Wort sind nämlich sie drei, wo sie übereinstimmen. Wo sie aber nicht übereinstimmen, da ist es so : was nicht im Synodus und in der Didaskalie steht, steht im Testament. Was nicht im Testament steht, steht im Synodus und in der Didaskalie. Was nicht im Synodus steht, steht in der Didaskalie. Was nicht in der Didaskalie steht, steht im Synodus, denn sie sind wie die vier Evangelisten. Ohne das Testament aber könnte die Didaskalie nicht christlich sein, und auf dem Worte des Testaments ist die Kirche gepflanzt[4]. Ihre drei Pforten sind in ihr nach dem Bilde der Dreifaltigkeit geordnet, ihre Länge und ihre Breite festgelegt nach dem Testament, und dort wird die Messe, das Evangelium, den Christen bereitet. Was die Osterfeier anlangt, so kann man sie nicht feiern ohne die Didaskalie der ehrwürdigen Apostel. Und die Ältesten, gelehrt in den heiligen Schriften, schrieben uns auf Grund der Didaskalie, dass wir das Ostern Christi, unseres

[1] *Syn. epi.* siehe p. 11, Anmkg. 5. [2] *Ibid.* [3] *Did. pro.* [4] I *Test.*, I, 19.

Gottes, feiern sollen. Ferner befahlen uns die Apostel in ihrer Didaskalie, die authentische Auslegung der Prophetenbücher zu erkennen und zu lernen : « Wenn du aber die Kraft der Schriften und ihre Auslegung kennen lernen willst, dann forsche in den Büchern der Könige! Und wenn du die Kraft der Weisen und ihrer Lehre zu ergründen begehrst, da hast du den Hiob und Salomo. Die sind voll Weisheit, und bei ihnen findest du Wissen. Sie übertreffen an Einsicht alle Gelehrten, denn ihre Rede ist das Wort des Herrgotts, der allein der Weise der Weisen ist. Wenn du aber singen willst, da hast du den Psalter Davids. Und wenn du die Schöpfung der Welt und die Herkunft der Erzväter erforschen willst, da hast du das Gesetz. Wenn du Weisheit und Lehre lernen willst, da hast du * das Buch des Bundes, dessen Inhalt voll ist * p. 120
von der Herrlichkeit des Herrgotts. Halte dich jedoch fern von allem Werk des Bösen, der Lehre des Satans und eitler Rede, was nicht im Gesetz steht, sondern lies im Deuteronomium, auf dass du einsiehst und durchschaust die Herrlichkeit Gottes, der dich von den vielen Fallstricken des Satans errettet hat. Denn der Heiland ist nicht gekommen, das Gesetz und die Propheten aufzulösen, sondern sie zu erfüllen, die Fesseln im Deuteronomium zu lösen und die Leute in geistlicher Lehre zu sammeln. Deshalb lädt er uns auch ein : Kommet her zu mir alle, die ihr mühselig und beladen seid, ich will euch erquicken! [1] Wenn du aber das Gesetz und die Propheten, die Könige und das Evangelium gelesen hast, wirst du feststellen, wie viele gerechte Männer es gewesen sind, die geherrscht, in ihrem Leben dem Herrn gefallen und deshalb das ewige Leben gefunden haben. Ausserdem weisst du dann auch, wie viele böse Könige es gewesen sind, die in ihrer Unwissenheit übeltaten. Sie aber sind untergegangen und ausgelöscht durch die Zornesgeissel seines Gerichts und haben das ewige Leben verwirkt. Wenn du das durchschaut hast, wirst du stark im rechten Glauben sein und Gnade finden und Barmherzigkeit bei unserem Herrn Jesus Christus, denn du bist ihm ein Glied geworden. » [2] Siehe, o Leugner, diese drei Schiffe des Lichts, auf denen wir die Wogen des Weltmeeres durchfahren, die uns die Säulen des Lichts, die Steuermänner, gegeben haben, indem sie das Gesetz und die Propheten, das Evan-

1 *Matth.*, XI, 28. 2 *Did.*, I, 6.

gelium und die Apostel kanonisierten! Die Säulen des Lichts aber, von denen wir sagen, dass sie uns die Propheten und Apostel gegeben und überliefert haben, indem sie sie kanonisierten, lobpreise ich an diesem Testament, dieser Didaskalie und diesem Synodus, an den Rechts- und Gesetzbüchern unseres Heilands. Jetzt aber festige uns der Herr in der Lehre der Propheten und Apostel als die, die wir einen Geist getrunken haben, die da heissen die eine heilige Kirche, um des Fleisches und Blutes Christi, des Sakraments der Gläubigen, willen, und um Maria, zweifältig Jungfrau, der Mutter unseres Heilands, willen, von Ewigkeit zu Ewigkeit, Amen und Amen, so sei es, um des Fleisches und Blutes Christi willen, so sei es, so sei es!

* p. 121 * Höre, o Leugner, wir verlangen von dir gar nicht viele Dinge! Sage uns nur ein Wort : Lassen uns die Apostel nicht den ersten Sabbat ehren? Haben sie ihn etwa im Testament, in der Didaskalie und im Synodus gebrochen? Haben sie nicht geschrieben, dass wir ihn ehren sollen? Oder haben sie etwa geschrieben, dass wir ihn brechen sollen? Wir aber sagen dir : Die Apostel haben uns im Testament, in der Didaskalie und im Synodus geschrieben, dass wir ihn ehren sollen, und uns befohlen, ihn nicht zu brechen. Die Apostel haben ihn geehrt, bis sie ihre Seele aushauchten, und bei ihren Lebzeiten hinterliessen sie uns schriftlich seine Ehrung. Wir Christen aber ehren ihn, wie uns die Apostel befohlen haben, und brechen ihn nicht. Du aber, o Mensch, der du den ersten Sabbat brichst, hast damit auch das Wort unseres Herrn abgelehnt, wie unser Heiland zu seinen Aposteln in seinem Evangelium sprach : « Wer euch hört, hört mich; der hört auch den, der mich gesandt hat. Und wer euch verachtet, verachtet mich; der verachtet auch den, der mich gesandt hat. »[1] Du aber, Sabbatbrecher, hast erstens die Apostel verachtet, zweitens hast du den Sohn verachtet, und drittens hast du den Vater und den heiligen Geist verachtet und nicht das Wort seines Evangeliums gehört. Die Apostel aber haben den Tröster gesehen und mit ihren Händen berührt, indem sie ihn tranken. Sie assen und tranken mit unserem Herrn, hörten sein Wort und schrieben mit ihren Händen alles auf, was unser Heiland sie lehrte. Du aber, Sabbatbrecher, hast ihn nicht mit deinen Augen

[1] *Luc.*, x, 16.

gesehen noch mit deinen Händen berührt. Du hast nicht mit ihm gegessen und getrunken. Du hast mit seinen Aposteln keine Gemeinschaft gehabt. An dem Tage seiner Himmelfahrt, da er zu seinem Vater auffuhr, legte er seine Hände nicht auf dein Haupt und blies dich nicht mit dem Odem seines Mundes an. Wir aber hören das Wort der Apostel und nehmen ihre Schriften wortgetreu an. Niemals wolle uns der Herr von ihnen in seinem himmlischen, neuen Tempel trennen um seines heiligen Fleisches und um des teuren Blutes seiner Seite und um Maria, seiner Hochzeitspforte, willen, von Ewigkeit zu Ewigkeit, Amen und Amen, um des Fleisches und Blutes Christi willen, so sei es, so sei es!

* Ferner höre, o Leugner, dass Christus das erste Wort des Vaters * p. 122
ist! Du aber, Leugner, behauptest, er werde zwar das Wort Gottes, des Vaters, genannt, der spreche aber dadurch nichts, und er habe noch ein anderes Wort, durch das er spreche. Das Wort aber, nachdem es genannt ist, ist doch der Erzeuger der Rede, der Erzeuger der Sprache und der Erzeuger des Gebotes und was sonst auch alles aus dem Worte geboren wird. Ein Wort aber, nachdem es weder den Feuerengeln, noch den sterblichen Menschen, noch den Tieren und den vielen Vögeln des Himmels und allen Geschöpfen genannt ist, kann niemand sprechen; ein Wort aber, nachdem es ihnen genannt ist, spricht jeder; ein Wort aber, durch das niemand spricht, haben wir nicht gehört, nicht gesehen, unsere Väter haben es uns nicht gesagt, und auch die Schriften haben es uns nicht gelehrt, weder von allen Geschöpfen und erst recht nicht von den Schöpfern.

O Leugner, du behauptest doch, der Vater und der heilige Geist sprechen nicht, allein der Sohn spreche. So etwas ist unerhört, denn diese Sache ist blind : er werde zwar das Wort des Vaters genannt, aber er spreche dadurch nichts. Diese Sache ist doch vom Satan, ohne Sinn und Verstand! Insbesondere bei den Schöpfern, aber auch bei den Geschöpfen, sei es bei den Engeln und Menschen, sei es bei den Tieren und Vögeln des ganzen Himmels findet sich doch niemand, der nicht spricht. Wer aber nicht spricht, den heisst man stumm, und der hat auch kein Wort. Das Wort aber, nachdem es sich bei ihm befindet, ist derart, dass es die Rede, die Sprache und das Gebot erzeugt. Höre, o Leugner du kannst doch deine Behauptung nicht bestreiten, Christus sei nicht das Wort des Vaters. Dass aber Christus das Wort des Vaters ist, darüber höre den Propheten

Henoch, der im Sturmwind aufgefahren ist, und Johannes, den Donnersohn, den Theologen! Zuerst höre den Propheten Henoch, wenn er über Christus, das erste Wort, folgendermassen spricht! Henoch sagt nämlich : « Alle oben im Himmel erhielten einen Befehl, die Kraft und das eine Wort und das eine Licht wie Feuer,
* p. 123 jenes Urwort, zu preisen, zu erhöhen und zu loben * in Weisheit; denn sie erwiesen sich weise in der Rede und im Geist des Lebens. Und der Herr der Geister liess den Erwählten auf dem Thron der Herrlichkeit sitzen. »[1] Das sagt Henoch über Christus, das Urwort, den Herrn : « Er wird alles Tun der Heiligen oben im Himmel richten und mit der Wage ihre Werke wägen. »[2] Siehe, o Leugner, dass Henoch Christum das Urwort nannte. Auch Johannes, der Donnersohn, nannte ihn das erste Wort : « Im Anfang war das Wort, und das Wort war bei Gott, und Gott war das Wort. Dasselbe war im Anfang bei Gott. »[3] Siehe, o Leugner, wie Henoch sagt : « Die Kraft und das eine Wort und das eine Licht wie Feuer. »[4] Henoch sagt : « Das eine Wort » und spricht nicht von drei Worten. Ferner spricht er von der einen Kraft, und ausserdem spricht er von dem einen Licht. O Leugner, wo gibt es drei Worte und drei Geister? Wir aber haben dir einen Beweis aus Henoch, dem ersten Propheten, beigebracht, und du kannst nicht dem Buche seiner Weissagung entraten. Denn auch die Apostel haben seine Weissagung in ihrem Sendschreiben angenommen, indem sie sprechen : « Wie Henoch über sie geweissagt hat, das ist der siebente von Adam und sprach : Siehe, der Herr wird mit Myriaden seiner Heiligen kommen, Gericht zu halten, und jedem nach seinen Werken vergelten! »[5] Auch das Buch der Jubiläen spricht über ihn und sagt, wie er der Welt die Tage ihrer Jahre und ihrer Monate ordnete. Ferner hat er auch die Wochen der Jahre geordnet, wie wir es schon erwähnten. Ferner sagt das Buch der Jubiläen über ihn : « Dieser nun ist der erste von den Menschenkindern, von denen, die auf der Erde geboren sind, der Schrift, Wissenschaft und Weisheit lernte. »[6] Siehe, o Leugner, was deine Jahre und deine Zeiten betrifft, wie sie Henoch gesetzt hat, so stehst du in seiner Ordnung. Du kannst dich, Christ oder Jude, nicht aus dem Buch der Weissagung Henochs heraus-
* p. 124 winden. Henoch aber nannte Christus das Urwort[7]. * Und Johannes,

[1] *Hen.*, LXI, 6-8. [2] *Ibid.* [3] *Jo.*, I, 1-2. [4] *Hen.*, LXI, 6. [5] *Ju.*, 14-15; *Hen.*, I, 9. [6] *Jub.*, IV, 17. [7] *Hen.*, LXI, 7.

der Donnersohn, nannte Christus das erste Wort : « Im Anfang war das Wort. »[1] Ferner sagt Johannes, der Donnersohn, in seinem Evangelium : « Das Wort ward Fleisch und wohnte unter uns und verbarg sich vor uns, da sahen wir seine Herrlichkeit, eine Herrlichkeit als des Eingeborenen vom Vater. »[2] Siehe, o Leugner, dass Johannes Christum das erste Wort seines Vaters nannte, durch das der Vater mit seinem Munde sprach. Ferner sagt Johannes, der Donnersohn, in seinem Evangelium : « Als Philippus unseren Herrn ersuchte : O Herr, zeige uns den Vater, so genügt uns!, da sprach der Herr Jesus zu ihm : Wieviele Tage bin ich bei euch, und ihr habt mich nicht erkannt, Philippus? Wer mich sieht, der sieht den Vater! Wie sprichst du denn : Zeige uns den Vater? Glaubst du nicht, dass ich im Vater und der Vater in mir ist?[3] » Damit zeigt Johannes, dass das Wort des Vaters und des Sohnes eins ist, und fährt dann fort : « Dies Wort, das ich zu euch geredet habe, ist nicht von mir; was ich selbst gesprochen habe, ist der Vater selbst, der mit mir ist, der ist es, der das tut, und er tut sein Werk. »[4] Merke, o Leugner, was er sagt : « Dies Wort, das ich zu euch geredet habe, ist nicht von mir », will besagen : Das Wort, durch das Christus Jesus zu den Aposteln sprach, nannte er das Wort seines Vaters, wie er selber sagt : « Dies Wort, das ich zu euch geredet habe, ist nicht von mir; was ich selbst gesprochen habe, ist der Vater selbst, der mit mir ist. Der ist es, der das tut, und er tut sein Werk. Glaubet, dass ich im Vater und der Vater in mir ist! »[5] Siehe, o Leugner, dass unser Herr sein Wort und das Wort seines Vaters eins gesetzt hat! Ferner sagt Johannes in seinem Evangelium : « Dies Wort, das ich zu euch geredet habe, ist nicht mein Wort, sondern das Wort des Vaters, der mich gesandt hat. »[6] Siehe, o Leugner, dass er das Wort, das er mit seinem Munde zu seinen Aposteln geredet hat, Wort seines Vaters nannte! Was Christus, da er Fleisch anzog, in seiner Leibhaftigkeit sprach, dies sein Wort nannte Christus * Wort des Vaters. Siehe, o Leugner, auch die * p. 125 Apostel in ihrem Synodus verkündigten und bezeugten, dass sein Sohn sein Wort ist : « Um die neunte Stunde soll das Gebet mit dem Lobpreis lang sein, auf dass du im Lobpreis mit der Seele der

[1] *Jo.*, I, 1. [2] *Ibid.*, 14. [3] *Jo.*, XIV, 8-10. [4] *Ibid.* [5] *Ibid.*, 10-11. [6] *Ibid.*, 24.

Gerechten verbunden seist, wenn sie den lebendigen Gott lobpreisen, an dem kein Falsch ist; denn er gedachte seiner Heiligen und sandte ihnen seinen Sohn, das ist sein Wort, auf dass er sie erleuchte. »[1] Dies schreiben die Apostel in ihrem Synodus.

Höre, o Leugner, wenn du aber bestreitest, dass Christus das Wort des Vaters sei, das ist sein Sohn, stellen wir dir Beweise aus dem alten und neuen Bund hin. Wenn du aber glaubst, sagen zu können : Ich glaube von Christus, dass er das Wort des Vaters ist, gleichzeitig aber behauptest, er spreche dadurch nichts, der Vater habe ein anderes Wort und auch der heilige Geist habe ein anderes Wort, wodurch sie sprechen, — wenn du also das behauptest, dann fällst du aus dem Christenstand. Sage mir, o Leugner, was es mit diesen beiden Behauptungen auf sich hat, die du aus nichts und wieder nichts hervorgebracht hast! Johannes sagt doch « Im Anfang war das Wort »[2], und nicht « Im Anfang waren Worte ». Sage mir, o Leugner, welches von den drei Worten war denn dann zuerst nach deiner Behauptung? Den Sohn trennst du doch von seinem Vater, wenn du behauptest, sein Vater spreche nicht durch ihn, der Vater habe ein anderes Wort und einen anderen Geist und der heilige Geist habe ein anderes Wort und einen anderen Geist. Damit setzt du den Sohn vor den Vater und den heiligen Geist, wenn du behauptest : der Vater mit seinem Wort und seinem Geist und der heilige Geist mit seinem Wort und seinem Geist. So hast du denn den Vater und den heiligen Geist hintangesetzt, vom Sohn aber, dem ersten Wort, behauptest du, der Vater und der heilige Geist sprechen nicht durch ihn. Du aber, Leugner, nachdem du ihr Wort und ihren Geist hintangesetzt hast, hast du sie auch selbst hintangesetzt. Du trennst den Sohn vom Vater und dem heiligen Geist mit deiner blinden Aussage, wenn du behauptest :
* p. 126 Ich nenne * den Sohn das Wort des Vaters, aber er spricht dadurch nichts. Das ist doch eine blinde Sache! So etwas Törichtes gibt es weder bei den Menschen und Engeln, noch bei den Tieren und Vögeln. Ich nenne ihn zwar das Wort, und doch spricht er dadurch nicht, behauptest du. Was entgegnest du denn dem, was die Apostel sagen: « Gott hat durch Jesus Christus, seinen Sohn, alle Geschöpfe geschaffen »[3]? Sage mir, o Leugner, wie er sie sonst schuf? Johannes

[1] *Syn.*, 48. [2] *Jo.*, I, 1. [3] *Did.*, II, 59; *Syn.*, 37 und *epi*; siehe p. 11, Anmkg. 5.

sagt doch in seinem Evangelium : « Alles ist durch ihn gemacht, und ohne ihn ist nichts gemacht, was gemacht ist. »[1] Von allen Worten sind es besonders diese, die deinen Mund schliessen. Ein Wort aber, nachdem es genannt ist, spricht jeder. Das Wort aber gebiert die Rede, die Sprache und das Gebot. Und « Durch seinen Sohn schuf er » heisst : Der heilige Vater schuf durch seinen Sohn, durch Jesus Christus, — wie schuf er denn sonst, o Leugner? Wir haben dir doch viele Male zuvor gesagt : Gott lasse uns nicht in das Tor deiner Lehre, aller Ketzer, eintreten! Unser Herr Jesus Christus hat bei Maria, seiner Mutter, Zuflucht genommen. So nehmen denn auch wir unsere Zuflucht bei seinem Fleisch und Blut, von Ewigkeit zu Ewigkeit, Amen und Amen, so sei es, um des Fleisches und Blutes Christi willen, so sei es, so sei es!

Höre, o Leugner, der du sagst : Ich nenne doch den Sohn das Wort des Vaters, und behauptest gleichzeitig, der Vater spreche dadurch nichts. Das ist doch eine blinde Sache! Ein Wort aber, nachdem es genannt ist, spricht doch jeder, sei es Mensch oder Tier. So etwas haben wir doch schon einmal gehört. Da war früher, in den Tagen unserer Väter, ein Schriftkundiger, der mit denen ein Streitgesprach darüber führte, die die Schriften nicht kannten, denn die sind ja gerade streitsüchtig, und sprach zu ihnen: « Sagt mir doch, was ich euch frage! Josua, der Sohn des Nun, wer war sein Vater? Ferner sagt mir, wer war der Vater der Töchter des Zelophehad? Ausserdem sagt mir, wer war der Vater der Söhne des Zebedäus? » (Sie antworteten :) « Über Josua und die Töchter
des Zelophehad lasst uns darangehen, * im Evangelium nachzuse- * p. 127
hen!» Da sprach er zu ihnen: « Wollt ihr etwa im Gesetz und im Evangelium etwas darüber finden? » Und er rief gegen sie viele Leute zu Zeugen an, die sprachen zu ihm: « Sie hören von uns nur ein Lachen! » Da obsiegte dieser Schriftkundige über sie und sprach zu ihnen: « Warum streitet ihr denn bloss, die ihr die Schriften nicht kennt? Wenn ich euch den Vater Josuas, des Sohnes des Nun, und den Vater der Töchter des Zelophehad rein logisch nachweise, dann kann ich euch auch sagen, dass der Vater der Söhne des Zebedäus eben jener Zebedäus war. Warum wollt ihr dann erst noch an das Gesetz und das Evangelium herantreten, wenn ich euch den Vater

[1] *Jo.*, I, 3.

dieser drei logisch nachweise?» Deshalb lachten alle Priester und Diakone, die zuhörten, über sie sehr. Höre, o Leugner, auch über dich lachen alle Schriftkundigen, wenn du behauptest : Ich nenne den Sohn das Wort des Vaters, aber der Vater spricht nichts dadurch, durch dieses erste Wort, sondern er hat ein anderes Wort, durch das er spricht. Das ist doch etwas Törichtes! Gott wolle alle Schafe seiner Herde, gläubige Männer und Frauen, nicht zu deiner Lehre versammeln! Wir nehmen unsere Zuflucht zu dem Fleisch und Blut Christi, der Speise des Christen, dessen Seele und Leib davon lebt, von Ewigkeit zu Ewigkeit, Amen und Amen, so sei es, um des Fleisches un Blutes Christi willen, so sei es, so sei es!